정교회의 길

정교회의 길
The Orthodox Way

초판 발행 2002년 11월 25일
재판 발행 2011년 7월 30일
지은이 칼리스토스 웨어(Kallistos Ware)
옮긴이 엄성옥
발행처 은성출판사
등록 1974년 12월 9일 제9-66호
ⓒ 은성출판사

주소 서울시 강동구 성내동 538-9
전화 070) 8274-4404
팩스 02) 477-4405
홈페이지 http://www.eunsungpub.co.kr
전자우편 esp4404@hotmail.com

출판 및 판매에 관한 모든 권한은 본 출판사가 소유하고 있습니다.
출판사의 사전 서면 허락없이 상업적인 목적으로 번역, 재제작,
인용, 촬영, 녹음 등을 할 수 없음을 알려드립니다.

Printed in Korea
ISBN 978-89-723-6397-2 33230

Originally published in English under the title of The Way of Orthodox
by Kallistos Ware.

The Orthodox Way

by
Kallistos Ware

translated by
Sung-Ok Eum

칼리스토스 웨어 지음
엄성옥 옮김

차례

서언 / 7

제1장 신비이신 하나님 / 13

제2장 삼위일체이신 하나님 / 41

제3장 창조주 하나님 / 69

제4장 인간이 되신 하나님 / 113

제5장 영이신 하나님 / 153

제6장 기도가 되시는 하나님 / 181

끝맺는 말: **영원이신 하나님** / 229

이 책에 인용된 인물들 / 239

서언

이정표

> 내가 곧 길이요 진리요 생명이니.
> (요한복음 14:6)
>
> 교회가 우리에게 제공해 주는 것은 어떤 체계나 조직이 아니라 열쇠이며, 하나님의 도시에 대한 계획이 아니라 그 도시에 들어가는 수단이다. 계획을 가지고 있지 않기 때문에 길을 잃는 사람도 있을 것이다. 그러나 그는 모든 것을 매개자가 없이 직접 보게 될 것이며, 그가 보는 모든 것이 그에게는 실질적인 것이 될 것이다. 한편 계획만 연구해온 사람들은 외곽에 머물 뿐 아무것도 진정으로 발견하지 못한다.[1]
>
> Fr. Georges Florovsky

4세기에 이집트에서 생활한 사막의 교부들 중 잘 알려진 인물인 시돈 사람 사라피온(St. Sarapion the Sidonite)이 언젠가 로마로 순례 여행을 떠났다. 그곳에서 그는 유명한 은수녀에 대한 이야기를 들었다. 그 여인은

---

1) Fr. Georges Florovsky, "The Catholicity of the Church" in *Bible, Church, Tradition: An Eastern Orthodox View* (Collected Works, vols 1: Nordland, Belmont, Mass., 1972), pp. 50-51(citing B. M. Melioransky).

작은 방에서 살면서 결코 밖에 나오지 않았다고 한다. 방랑수사였던 사라피온은 그 여인의 생활 방법에 대해 의심이 생겼다. 그래서 그는 그 여인을 찾아가서 "당신은 왜 이곳에 앉아 있습니까?"라고 물었다. 그랬더니 그 여인은 "나는 앉아 있는 것이 아니라 여행을 하고 있습니다"라고 대답했다.

"나는 앉아 있는 것이 아니라 여행하고 있습니다." 그리스도인들 모두 이 말을 자신에게 적용할 수 있을 것이다. 그리스도인이 된다는 것은 여행자가 되는 것이다. 그리스 교부들은 말하기를, 우리의 상황은 시나이 사막을 방황하는 이스라엘 백성들의 상황과 흡사하다고 했다. 우리는 집이 아니라 장막(천막)에서 생활한다. 이는 우리가 영적으로 항상 이동 중이기 때문이다. 우리는 마음이라는 내면의 공간을 통과하는 여행, 달력이나 시간에 의해서 측정되는 것이 아닌 여행을 하고 있다. 그것은 시간에서 벗어나 영원으로 들어가는 여행이다.

그리스도교를 지칭하는 고대의 명사들 중 하나는 "길"(道, way)이다. 사도행전에서는 "그 때쯤 되어 이 도(道)로 말미암아 적지 않은 소동이 있었으니"(행 19:23)라고 말한다. 가이사랴의 총독 벨릭스는 "이 도에 관한 것을 더 자세히" 알고 있었다(24:22). 그것은 그리스도교 신앙의 실질적인 특성을 강조하는 명사이다. 그리스도교는 우주에 대한 신학이라기보다는 종이에 기록된 가르침이다. 그것은 우리가 여행하면서 따라가는 길이다. 가장 심오하고 풍성한 의미에서 삶의 길이다.

그리스도교의 참된 본질을 발견하는 방법은 하나뿐이다. 우리는 이 길을 걸어야 하며, 이 길에 헌신해야 한다. 그렇게 할 때, 우리 스스로 보기 시작할 것이다. 외곽에 머물러 있는 한, 우리는 그리스도교를 제대로 이해할 수 없다. 물론 우리는 출발하기 전에 지시를 받아야 한다. 어떤 이정표를 찾아야 하는지에 대한 말을 들어야 하며, 함께 여행할 동료도 필요하다. 다른 사람의 안내를 받지 않은 채 여행을 시작하는 것은 거의 불가능하다. 그러나 사람들이 제공하는 안내는 실제로 그 길이 어떤 것인지를 전해 주지 못한다. 그것이 우리가 직접 개인적으로 경험하는 것을 대신할 수는 없다. 우리 각 사람은 자신이 이미 배운 것을 검증하라는 요구를 받는다. 각 사람은 자신이 받아들인 전통을 직접 체험하라는 요구를 받는다. 모스크바의 총대주교 필라렛(Philaret)은 "당신이 신조대로 살지 못하면, 신조는 당신의 것이 되지 못한다"라고 했다. 이 여행은 지극히 중요한 것이므로 누구도 이론적으로 편안하게 여행할 수는 없다. 자신이 직접 경험하지 않고 간접적인 방법으로 그리스도교인이 될 수는 없다. 하나님에게는 자녀들이 있을 뿐 손자들은 없다.

나는 정교회의 신자로서 특히 생생한 경험의 필요성을 강조하고 싶다. 20세기 서구인들이 보는 정교회의 특징은 유서 깊음과 보수주의인 듯하다. 그리고 정교회가 서방 형제들에게 주는 메시지는 "우리들은 당신들의 과거이다"인 듯하다. 그러나 정교회 교인들의 입장에서 전통에 충실하다는 것은 과거 시대의 공식이나 관습들을 받아들이는 것이라기보다 현재 여기에 임재해 계시는 성령을 영원히 새롭게 개인적으로 직접 경험하는 것을 의미한다.

존 베체만(John Betzjeman)은 그리스의 어느 시골 교회를 방문했던 일을 묘사하면서 유서 깊음이라는 요소를 강조하지만, 그 이상의 것도 강조한다.

> … 돔 형태의 내부는 시대를 초월한다.
> 여기에서 촛불을 켜는 것은 곧 기도하는 것이며,
> 촛불은 그 지역 성인들의 눈을 나타낸다.
> 그들은 햇빛이 희미하게 비추고 있는
> 벽에 묘사된 자기들의 순교를
> 놀라지 않고 바라본다.
> 촛불은 금이 간 그림을 밝혀준다.
> 초록색, 빨간색, 황금색으로 된 그림을
> 많은 사람들이 입을 맞추었던 14세기의 성화들을….
> 이처럼 고목은 박해와 순교의 피를 먹고 왕성하게 자란다.
> 그 살아 있는 나무는 그리스도교 이전 시대의 흙에 뿌리를 내리고 있다.
> 그 나무는 관료주의적인 보호를 필요로 하지 않으며,
> 나름대로 영원히 부활한다.

여기에서 베체만은 정교회에서 귀중하게 여기는 것, 촛불을 켜는 것, "세상에 있는 천국"으로서의 지역 교회의 의미를 전달하는 이콘(성상)들의 역할, 정교회가 1453년 이래 터키인들에게서 받은 박해와 1917년 이후로 공산주의 지하에서 받은 박해 등으로 관심을 끌어간다. 현대 사회에서 정교회는 늙은 "고목"이다. 그러나 이러한 연륜 외에도 생명력, 즉 "영속적인 부활"도 지니고 있는데, 단순한 연륜보다는 이 생명력이 중

요하다. 그리스도께서는 "나는 관습이다"라고 하시지 않고 "나는 생명이다"라고 말씀하신다.

이 책의 목표는 이 "영속적인 부활"의 심오한 근원을 드러내는 데 있다. 이 책은 영적인 여행길에 세워져 있는 중요한 이정표와 표지들 중 일부를 지적해 준다. 이 책에서는 정교회 세계의 과거사와 현대의 상태에 대한 사실적인 기사를 제공하지 않는다. 그런 정보는 내가 전에 저술한 책 『정교회』(The Orthodox Church, Penguin Books)에서 찾아볼 수 있을 것이다. 그 책은 1963년에 출판되어 1993년에 개정판이 발행되었다. 나는 되도록 그 책에서 언급했던 것은 되풀이하지 않으려고 노력했다.

이 책에서 나의 목적은 믿음을 삶의 길이요 기도의 길로 여겨 접근하면서 정교회의 기본적인 가르침들에 대한 간단한 기사를 제공하려는 데 있다. 톨스토이가 자기의 단편에 『사람은 무엇으로 사는가』라는 제목을 붙였듯이, 이 책을 『정교회 신자들은 무엇으로 사는가?』라고 부를 수도 있을 것이다. 지금보다 더 형식을 중시하던 이전 시대에서라면, 이 책은 질문과 대답을 지닌 "성도들을 위한 요리문답"의 형태를 취했을지도 모른다. 그러나 오늘날 그렇게 하지는 않는다. 이 책에서는 교회 및 교회의 "절충적" 특성에 대해서, 성도들의 교제와 성례와 성찬 예배의 의미에 대해서 그다지 언급하지 않는다. 혹시 내가 다음에 저술하는 책에서는 이것을 주제로 삼을는지도 모르겠다. 나는 가끔 다른 종파와의 교제를 언급하지만, 그것들을 체계적으로 비교하지는 않는다. 나는 로마 가톨릭 교회나 개신교와 일치 또는 상위하는 부분에 대해서 언급하기보다, 정교회 신자인 내가 지닌 믿음을 적극적으로 묘사하는 데 관심을 가진다.

나보다 더 훌륭한 증인들의 음성을 들을 수 있기를 간절히 원했기 때문에, 나는 이 책에 많은 인용문을 첨가했다. 특히 각 장의 시작 부분과 결론 부분에 인용문을 추가했다. 그리고 인용한 저자들 및 원전들에 대한 간단한 주를 책 끝 부분에 제시했다. 대부분의 인용문은 정교회에서 매일 사용되는 의식서, 또는 교부들─주로 교회사 첫 8세기 동안의 작가들─의 글에서 인용했다(간혹 그보다 후대의 글을 인용한 것도 있다). 이 인용문들은 내가 개인적으로 영적인 길을 탐험하는 데 있어서 크게 도움이 되는 표지판으로 입증된 것들이다. 이름을 언급하지 않고 인용한 작가들의 글도 있다.

엠마오로 가는 두 제자와 동행하신 구세주여,
이제 여행을 시작한 당신의 종들과 동행하시며,
그들을 모든 악에서 보호하여 주옵소서.
　　　　(여행을 시작하기 전에 드리는 기도)

　　　　　　　　　　　　　　　　　1978년 9월 26일
　　　　　　　　　　　　　　　　　거룩한 사도요 복음전도자인
　　　　　　　　　　　　　　　　　신학자 요한을 기념하는 축일에

제1장

신비이신 하나님

> **무명한 자 같으나 유명한 자요.**
> 고린도후서 6:9

인간의 정신으로는 하나님을 이해할 수 없다. 인간의 지성으로 이해되는 하나님은 하나님이 아닐 것이다.[1)]

폰투스의 에바그리우스

어느 날 형제 몇 사람이 압바 안토니를 찾아갔는데, 압바 요셉도 그 중에 끼어 있었다. 안토니는 그들을 시험해 보려고 성경 한 구절을 언급하고는 가장 어린 형제에서부터 그들 모두에게 그 구절의 의미를 물었다. 형제들은 각기 최선을 다해 설명했다. 그러나 안토니는 매번 '당신은 아직 해답을 발견하지 못했어요'라고 말했다. 마지막으로 압바 요셉에게 '이 말씀의 의미가 무엇이라고 생각하십니까?'라고 물었다. 압바 요셉은 '저는 모르겠습니다'라고 대답했다. 안토니는 '진실로 압바 요셉은 길을 발견했습니다. 왜냐하면 그는 "모르겠습니다"라고 대답했기 때문입니다'라고 말했다.[2)]

『사막 교부들의 금언』

---

1) Evagrius of Pontus, *Migne, Patrologia Graeca* [=PG] 40:1275C.
2) *The Sayings of the Desert Fathers*, alphabetical collection, Anthony 17, tr. Benedicta Ward, *The Sayings of the Desert Fathers*, alphabetical collection (Mowbray, London & Oxford, 1975), p. 4.

> 친구들이 서로 이야기를 하듯이 사람은 하나님과 함께 이야기하며, 확신을 가지고 가까이 갈 수 없는 빛 가운데 거하시는 분에게 다가간다.[3]
>
> (신신학자 시므온)

하나님의 타자성 및 친밀성: 하나님은 누구신가?

영적인 길을 가는 여행자는 여행을 계속하면서 두 가지 대조적인 사실, 즉 영원하신 분의 타자성과 친밀성을 의식하게 된다. 우선, 그는 하나님이 신비(mystery)이심을 더욱 인식하게 된다. 하나님은 "전적 타자" (the wholly Other: 인간의 개념과 완전히 다른 분을 말함: 역자 주)이시며, 눈에 보이지 않으며, 인식할 수 없으며, 근본적으로 초월적 존재이시며, 말과 이해를 초월하시는 분이다. 가톨릭 신자인 조지 티렐(George Tyrrell, 1861-1909)은 "막 태어난 아기 예수는 하나님의 길에 대해서 우리 중 가장 지혜로운 사람이 알 수 있는 것만큼 세상과 그 방법을 알고 계시다. 그분의 영향력은 이 세상과 하늘나라, 시간과 영원 너머에까지 미친다"고 기록한다. 정교회 전통 안에 있는 신자라면 이 글에 완전히 동의할 것이다. 그리스 교부들이 주장하듯이, "이해가 가능한 하나님은 하나님이 아니다." 하나의 신, 다시 말해서 우리가 이성적인 두뇌의 활동을 통해

---

3) St. Symeon the New Theologian, *Theological, Gnostic and Practical Chapters* ii, 9, ed. J. Darrouzés(Sources chrétiennes 51: Paris, 1957), pp. 73-74, tr. Paul McGuckin, *Symeon the New Theologian: The Practical and Theological Chapters and the Three Theological Discourses* (Cistercian Studies Series 41: Cistercian Publications, Kalamazoo, 1982), p. 65.

서 완전히 이해할 수 있다고 주장하는 하나님은 우리 자신의 형상으로 만들어진 우상에 불과하다. 그러한 "하나님"은 성경과 교회의 참되고 살아 계신 하나님이 아니다. 인간은 하나님의 형상으로 지음을 받았으며, 이것의 역(逆)은 성립되지 않는다.

두 번째로 이 신비의 하나님은 특별하게 우리 가까이 계셔서 모든 것을 채워 주시며, 우리 주위 및 내면 어느 곳에나 임재해 계시다. 그분은 공기처럼 임재하시는 것이 아니라 지극히 인격적인 방법으로 임재하신다. 우리의 이해를 무한히 초월하시는 하나님은 인격(person)으로서 자신을 계시하신다. 그분은 각 사람의 이름을 부르시며, 우리는 그분에게 대답한다. 우리 자신과 초월자이신 하나님 사이에 사랑의 관계가 존재한다. 그것은 우리에게 가장 소중한 사람들과 우리의 관계와 흡사하다. 우리는 다른 사람들을 향한 사랑을 통해서, 그리고 우리를 향한 그들의 사랑을 통해서 그들을 안다. 하나님과의 관계도 그와 같다. 성 니콜라스 카바실라스(St. Nicolas Cabasilas)는 하나님에 대해 이렇게 표현했다:

(우리 왕이신 하나님은)

친구보다 더 다정하시며

통치자보다 더 공의로우시며

아버지보다 더 사랑 많으시며

우리의 팔 다리보다 더 우리의 일부가 되시며

우리의 심장보다 더 우리에게 필요한 분이시다.[4]

그러므로 이것들은 인간의 하나님 체험 안에 있는 두 개의 "기둥"이다. 하나님은 우리에게서 멀리 계실 뿐만 아니라, 그 무엇보다 더 가까이 계시다. 역설적이게도 우리는 이 두 개의 기둥이 서로를 소멸시키지 않는다는 것을 발견한다. 오히려 우리가 하나의 기둥에게로 이끌려 가면 갈수록 그만큼 더 분명하게 동시에 나머지 하나의 기둥을 의식하게 된다. 각 사람은 영적인 길을 가는 동안 하나님이 한층 더 가까이 계신 동시에 한층 더 멀리 계신 분이라는 것, 잘 알려지신 분이면서 동시에 알려지지 않으신 분이라는 것, 어린아이가 알 수 있지만 아주 똑똑한 신학자는 이해할 수 없는 분이시라는 것을 발견한다. 하나님은 "가까이 갈 수 없는 빛" 안에 거하시지만 인간은 사랑의 확신을 가지고 하나님의 임재 안에 서며, 친구로서 그분과 대화한다. 하나님은 종착점인 동시에 출발점이시다. 그분은 여행이 끝날 때에 우리를 반겨 주시는 분인 동시에, 여행하는 동안 한 걸음 한 걸음 우리와 동행해 주는 동료이시다. 니콜라스 카바실라스의 말을 빌자면, "그분은 우리가 밤을 보내는 여관이시요, 동시에 여행의 최종 목적지이시다."

하나님은 신비이신 동시에 인격이 되시는 분이다. 이제 이 두 가지 면에 대해서 생각해 보기로 하자.

---

4) St. Nicolas Cabasilas, *The Life in Christ* iv, 95 and i, 13, ed. Marie-Héléne Congourdeau(Sources chrétiennes 355: Paris, 1989), pp. 345 and 88, tr. Carmino J. de Catansaro(St. Vladimi's Seminary Press, New York, 1974), pp. 143 and 48.

신비이신 하나님

우리가 경외와 놀람의 감정-종종 본질적인 분에 대한 의식이라고 불리는 것-을 가지고 출발하지 않는다면, 우리의 여행은 그다지 진척될 수 없을 것이다. 새뮤얼 파머(Samuel Palmer, 1805-1881)가 처음으로 윌리엄 블레이크(William Blake)를 방문했을 때, 블레이크는 그에게 어떤 태도로 그림 그리는 작업에 접근하느냐고 물었다. 파머는 "두렵고 떨리는 마음으로 합니다"라고 대답했다. 블레이크는 "그렇다면, 당신은 해낼 수 있을 겁니다"라고 말했다.

그리스 교부들은 인간이 하나님을 만나는 것을 짙은 안개 속에서 산을 넘어가는 사람의 경험에 비유한다. 앞으로 가던 사람은 갑자가 자신이 절벽 끝에 서 있음을 발견한다. 그의 발밑에는 끝없는 심연이 놓여 있다. 또는 밤중에 캄캄한 방에 서 있는 사람의 예를 사용하기도 한다. 그 사람은 창문을 열고 밖을 내다보는데, 갑자기 번개가 쳐서 순간적으로 앞이 보이지 않아 뒷걸음을 치게 된다. 살아 계신 하나님의 신비를 직접 대면하는 일의 결과도 그와 같다. 우리는 어지러움을 느끼게 되며, 친숙하던 발판은 사라지며, 붙잡을 수 있는 것이 전혀 없는 듯하다. 우리 내면의 눈은 장님이 되며, 정상적인 가정(假定)들은 산산이 부서진다.

교부들은 영적인 길(Way)의 상징으로 구약성경에 등장하는 아브라함과 모세를 사용하기도 한다. 조상 때부터 살아오던 고향 갈대아 우르에 있을 때 아브라함은 하나님으로부터 "너는 너의 고향과 친척과 아버지의 집을 떠나 내가 네게 보여 줄 땅으로 가라"는 말씀을 들었다(창 12:1).

그는 하나님의 부르심을 받아들여, 최종 목적지를 분명히 알지 못한 채 자기에게 친숙한 환경을 버리고 미지의 땅을 향해 출발했다. 그는 "가라"는 명령에 믿음으로 순종했다. 모세는 연속해서 세 번 하나님을 보았다. 첫 번째는 타는 떨기나무 빛 속에서였고(출 3:2), 두 번째는 이스라엘 백성들이 사막을 통과하는 동안 함께 해준 불기둥과 구름기둥 안에 혼합되어 있는 빛과 어둠을 통해서였다(출 13:21). 마지막으로 본 것은 시내 산 꼭대기의 "암흑" 속에서 하나님이 말씀하실 때였다(출 20:21).

아브라함은 고향 집을 떠나 알지 못하는 나라를 향해 갔고, 모세는 빛에서 어둠으로 전진했다. 영적 여행을 하는 우리 각 사람의 경우도 동일하다. 우리는 알려진 것에서 미지의 것을 향해 나아가며, 빛에서 어둠으로 나아간다. 우리는 단순히 무지의 어둠에서부터 지식의 빛으로 가는 것이 아니라 부분적인 지식의 빛에서 보다 큰 지식으로 나아가는데, 그것은 너무나 심오하기 때문에 "무지의 어둠"이라고밖에 묘사할 수가 없다. 우리도 소크라테스처럼 우리 자신이 이해하는 것이 얼마나 적은지를 깨닫는 데서부터 시작한다. 그리스도교가 해야 할 일은 모든 질문에 대해서 쉬운 대답을 제공해 주는 것이 아니라 우리로 하여금 점진적으로 하나의 신비를 깨닫게 하는 것이다. 하나님은 지식의 대상이 아니라 경이의 원인이시다. 닛사의 그레고리(St. Gregory of Nyssa)는 시편 8:1("…우리 주여 주의 이름이 온 땅에 어찌 그리 아름다운지요 주의 영광이 하늘을 덮었나이다")을 인용하면서, "하나님의 이름은 알려지는 것이 아니라 경탄되어진다"[5]고 말했다.

하나님은 우리가 생각하거나 말할 수 있는 어떤 것보다 위대한 분이심을 깨달을 때, 우리는 직접적인 진술을 통해서만 아니라 그림이나 상징을 통해서 그분에 대해 언급할 필요가 있음을 발견하게 된다. 우리의 신학은 매우 상징적이다. 그러나 상징만으로는 하나님의 초월성과 "타자성"(우리 인간의 개념으로는 이해할 수 없는 것을 말함: 역자 주)을 전달하기에 부족하다. 엄청난 신비를 지적하려면 긍정적인 진술뿐만 아니라 부정적인 진술도 사용해야 하며, 하나님이 어떤 분인지보다는 하나님이 어떤 분이 아닌지에 대해 말해야 한다. 이와 같은 부정의 방법(apophatic approach)을 사용하지 않으면, 하나님에 대한 우리의 이야기는 크게 잘못된 것이 된다.

하나님과 관련하여 우리가 단정하는 것이 아무리 정확해도, 그것은 살아 있는 진리에는 미치지 못한다. 만일 우리가 하나님은 선하시다거나 의로우시다고 말한다면, 즉시 그분의 선하심이나 공의로우심은 인간의 표준에 의해서 측량할 수 없다는 말을 추가해야 한다. 하나님은 존재하신다고 말한 후에는 즉시 그분은 많은 객체들 가운데 존재하는 하나의 객체가 아니라고, 그분의 경우에 "존재하다"라는 단어는 특별한 의미를 지닌다고 추가해야 한다. 이처럼 긍정의 방법은 부정의 방법에 의해 균형을 이루게 된다. 뉴먼(Newman) 추기경의 말을 빌리면, 우리는 끊임없이 "적극적인 취지로 말을 하기도 하고 취소하기도 한다." 우리는 하나님에 대해 어떤 주장을 한 후에는, 그것을 초월해 넘어가야 한

---

5) St. Gregory of Nyssa, *Commentary on the Song of Songs* xii, ed. W. Jaeger and H. Langerbeck, Gregorii Nysseni Opera, vol. vi(Berill, Leiden, 1960), p. 358, tr. Casimir McCambley(Hellenic College Press, Brookline, 1987), p. 220.

다. 그 주장이 틀린 것이 아니지만, 그러한 주장을 비롯하여 어떤 말도 초월하시는 하나님의 충만을 표현할 수 없기 때문이다.

그러므로 영적인 길은 가장 근본적인 의미에서 회개의 길이다. 회개를 의미하는 헬라어 *metanoia*를 문자 그대로 해석하면 "마음의 변화"라는 의미이다. 우리는 하나님께 접근할 때에, 습관적인 사고방식을 버리고 마음을 변화시켜야 한다. 우리의 의지뿐만 아니라 지성도 변화되어야 한다. 우리의 내적인 관점을 완전히 뒤집어야 한다.

그러나 우리가 모세와 함께 들어가는 곳인 "암흑"은 빛나는 어둠, 혹은 눈부신 어둠이다. "무지"라는 부정(否定)의 방법은 우리를 공허로 인도하는 것이 아니라 충만으로 인도한다. 우리의 부정은 실질적으로는 엄청난 긍정이다. 부정의 방법은 표면적으로 볼 때 파괴적이지만 그 최종 결과에 있어서는 긍정적이다. 그것은 우리로 하여금 긍정적인 것이든 부정적인 것이든 모든 주장을 초월하고 모든 언어와 모든 생각을 초월하여 살아 계신 하나님을 직접 경험하게 해준다.

"신비"라는 단어에 함축된 의미가 바로 이것이다. 종교적인 의미에서 "신비"는 감추임뿐만 아니라 드러냄도 의미한다. 헬라어로 *mysterion*이라는 명사는 "눈을 감거나 입을 다물다"를 의미하는 동사 *myein*과 관련된다. 어떤 이교의 신비 종교에서는 입문을 원하는 후보자의 눈을 가린 후에 미로를 통과시킨다. 그 다음에 갑자기 눈을 가렸던 것을 제거하여 그로 하여금 주위에 전시되어 있는 그 종교의 은밀한 상징들을 보게 한다. 따라서 그리스도교적인 맥락에서의 "신비"란 이해할 수 없고 신비로운 수수께끼나 풀 수 없는 문제를 의미하는 것이 아니다. 신비란 우리의 이해를 위해 계시되어 있음에도 불구하고 하나님의 깊이나 어둠으로 이어지기 때문에 우리가 결코 완전히 이해하지는 못하는 것을 말한다. 눈은 감겨 있지만 동시에 열려 있다.

그러므로 신비이신 하나님에 대해서 이야기할 때에 우리는 두 번째 "기둥"에 이르게 된다. 하나님은 우리에게서 감추어져 계시지만 동시에 계시되어 계시다. 하나님은 인격으로서, 그리고 사랑으로 계시되신다.

인격이신 하나님에 대한 믿음

우리는 신앙고백을 할 때에 "나는 하나의 하나님이 계시다는 사실을 믿습니다"라고 말하는 것이 아니라 "나는 한 분 하나님(의 존재)을 믿습니다"라고 고백한다. "…라는 사실을 믿는 것"과 "…의 존재를 믿는 것" 사이에는 중대한 차이가 있다. 내가 어떤 사람이나 사물이 존재한다는 사실을 믿지만, 그 사실이 나의 인생에 실질적인 영향을 미치지 못할 수 있다. 나는 위건이라는 사람의 전화번호를 찾으려고 전화번호부를 펼쳐서 그 페이지에 있는 이름들을 모두 훑어보는데, 그러는 동안에 그 사람들이 모두 실제로 존재한다고 믿는다. 그러나 나는 그들 중 한 사람도 개인적으로 알지는 못하며, 한 번도 그 사람들의 집을 방문한 적이 없기 때문에 그 사람들이 존재한다는 나의 믿음은 나에게 실질적으로 아무런 영향을 미치지 못한다. 반면에 내가 아주 사랑하는 친구에게 "나는 너를 믿어"라고 말한다면, 그것은 그 친구가 존재한다는 사실에 대한 믿음을 표현하는 것 이상의 행동이다. "나는 너를 믿는다"란 그를 의지하고 의뢰하고 신뢰하며 그에게 희망을 둔다는 의미이다. 이것이 바로 우리가 신앙고백을 하면서 하나님께 드리는 말의 의미이다.

그러므로 하나님에 대한 믿음은 우리가 유클리드의 기하학에 대해 자신을 갖는 것과 같은 논리적인 확신이 아니다. 하나님은 추론 과정의 결론, 수학 문제의 해답이 아니시다. 하나님을 믿는다는 것은, 이론적인 논거에 의해서 하나님의 존재의 가능성이 증명되었기 때문에 그것을 받아들이는 것이 아니다. 그것은 우리가 알며 사랑하는 분을 신뢰하는 것이다. 믿음이란 어떤 것이 사실일 수도 있다는 가정이 아니라, 누군가가 존재한다는 확신이다.

믿음은 논리적인 확신이 아니라 인격적인 관계이기 때문에, 그리고 각 사람에게 있어서 이 인격적인 관계는 아직 불완전하며 욕구는 계속 발달하기 때문에, 믿음과 의심이 공존하는 것이 불가능한 것은 아니다. 믿음과 의심은 상호 배타적인 것이 아니다. 하나님의 은혜로 말미암아 일생 동안 어린아이와 같은 믿음을 가지고 있어 배우는 모든 것을 의심 없이 받아들이는 사람들도 있을 것이다. 그러나 오늘날 대부분의 서구인들은 그러한 태도를 지닐 수 없다. 우리는 나름대로 "주여, 나의 믿음 없는 것을 도와 주소서"(막 9:24)라고 외쳐야 한다. 우리는 죽음의 문턱에 이르기까지 끊임없이 이 기도를 드려야 할 것이다. 그러나 의심이 본질적으로 믿음의 결핍을 의미하는 것은 아니다. 그것은 오히려 반대의 것, 즉 우리의 믿음이 살아 성장하고 있음을 의미할 수도 있다. 믿음이란 자기만족이 아니라 모험을 하는 것, 미지의 것에 대해서 폐쇄적인 태도를 취하는 것이 아니라 담대하게 나아가 그것을 대면하는 것을 함축하기 때문이다. 여기에서 정교회 신자는 로빈슨(J. A. T. Robinson) 주교의 말을 자기의 것으로 삼을 수 있다: "믿음의 행위란 의심과의 끊임없는 대화이다." 토마스 머튼의 말이 옳다: "믿음이 확신과 평화의 원리가 되지 않는 한, 그것은 의심과 갈등의 원리이다."

그러므로 믿음은 하나님과의 인격적인 관계를 의미한다. 아직 불완전하고 비틀거리지만 분명 실재하는 관계이다. 그것은 하나님을 이론이나 추상적인 원리로 아는 것이 아니라 하나의 인격으로 아는 것이다. 어떤 사람을 안다는 것은 그 사람에 대한 여러 가지 사실을 아는 것과는 크게 다르다. 어떤 사람을 안다는 것은 근본적으로 그를 사랑하는 것이다. 상호 간에 사랑이 없이는 상대방을 진정으로 알 수 없다. 우리는 자신이 미워하는 사람들에 대해서는 진정한 지식을 갖지 못한다. 그러므로 우리의 이해를 초월하시는 하나님에 대해 말하는 데 있어서 잘못을 피하는 가장 그럴 듯한 방법은 두 가지이다: 하나님은 인격적인 분이시라는 것과 하나님은 사랑이시라는 것이다. 이것은 동일한 것에 대해서 말하는 두 가지 방법이다. 우리가 하나님의 신비에 들어가는 한 가지 방법은 인격적인 사랑을 통해서이다. 『무지의 구름』(The Cloud of Unknowing)에서는 "우리는 그분을 사랑할 수 있지만 생각할 수는 없다. 우리는 사랑에 의해서 그분을 붙잡을 수 있지만, 생각에 의해서는 결코 그렇게 할 수 없다"[6]고 말한다.

---

6) The Cloud of Unknowing, chapter 6, ed. Justin McCann(The Orchard Books: burns Oates, London, 1952), p. 14.

신자와 그의 믿음의 주제(Subject)가 되시는 분 사이에서 이루어지는 이 인격적인 사랑을 보여 주는 희미한 표식으로서 세 가지 예를 들어 보자. 첫째 예는 2세기의 인물 폴리캅(Polycarp)의 순교에 대한 기사에서 취한 것이다. 로마 군인들이 늙은 폴리캅 주교를 체포하러 왔다. 그는 자신이 잡혀 가면 죽으리라는 것을 알고 있었다.

군인들이 자기를 체포하러 왔다는 말을 듣고서, 그는 내려와 그들과 함께 이야기를 했다. 군인들은 모두 그가 무척 늙었다는 것, 그리고 지극히 침착하다는 사실에 크게 놀랐다. 왜 당국에서 그렇게 늙은 사람을 체포하려고 안달인지 의아하게 생각했다. 늦은 시간이었지만 폴리캅은 군인들에게 먹을 것을 준비해 주라고 지시했다. 그리고 그들에게 한 시간 동안 기도할 테니 방해하지 말라고 부탁했다. 군인들은 그의 요청을 허락했고 폴리캅은 일어나서 기도했다. 그는 하나님의 은혜로 충만하여 두 시간 동안 소리 내어 기도했다. 그의 기도를 듣는 군인들은 크게 놀랐고, 그들 중 많은 사람들이 이렇게 거룩한 노인을 체포하러 온 것을 후회했다. 폴리캅은 온 세상의 보편 교회 전체, 그리고 자신이 만났던 사람이 유명한 사람이건 하찮은 사람이건, 위대한 사람이건 비천한 사람이건 할 것 없이 그 이름을 기억했다.[7]

이렇게 하나님을 사랑하고 하나님 안에서 인류를 사랑했기 때문에,

---

7) *The Martydom of St. Polycarp* 7-8, tr. J. B. Lightfoot, *The Apostolic Fathers* (Macmillan, London, 1893), p. 205.

이러한 위험한 순간에 폴리캅은 자신의 위험을 생각하지 않고 오로지 다른 사람들만 생각한 것이다. 로마 총독이 폴리캅에게 그리스도를 부인하고 목숨을 구하라고 말했을 때, 폴리캅은 "나는 85년 동안 그분의 종으로 살아왔는데, 그분은 나에게 한 번도 부당한 일을 행하신 적이 없습니다. 그런데 내가 어찌 나를 구원해 주신 나의 왕을 모독할 수 있겠습니까?"라고 말했다.

두 번째 예는 11세기의 인물인 신신학자 시므온(St. Symeon the New Theologian)이다. 그는 그리스도께서 빛 가운데서 자신을 계시하신 것에 대해 묘사한다:

> 당신은 나에게 밝은 빛을 비추어 주셨습니다. 내가 나의 자아 전체로 당신을 응시할 때에 당신 역시 온전하게 나에게 나타나신 것 같았습니다. 나는 "주여, 당신은 누구십니까?"라고 물었습니다. 당신은 탕자인 나와 처음으로 이야기하게 된 것을 기뻐하셨습니다. 당신은 무척 온유하게 말씀하셨습니다. 나는 놀라서 떨며 서서, 속으로 "이 영광과 이 현란한 밝음은 무엇을 의미하는가? 내가 이처럼 큰 축복을 받도록 선택되다니 어쩐 일인가?"라고 말했습니다. 당신은 "나는 너를 위해 인간이 되었던 하나님이다. 네가 마음을 다해서 나를 찾았으니, 이제부터 너는 내 형제요 친구요 동료 상속자가 될 것이다"라고 말씀하셨습니다.[8]

---

8) *St. Symeon the New Theologian*, Catechesis 36 (The Second Thanksgiving), ed. Basile Krivochéne (Sources Catanzo, *Symeon the New Theologian: The Discourses* (The Classics of Western Spirituality: Paulist Press, New York, 1980), pp. 374-5.

세 번째 예는 17세기 러시아의 주교인 로스토프의 성 디미트리(St. Dimitrii of Rostov)의 기도문이다:

> 나의 빛이시여, 오셔서 내 어둠을 조명해 주옵소서.
> 나의 생명이시여, 오셔서 나를 죽음으로부터 소생시켜 주옵소서.
> 나의 의사이시여, 오셔서 내 상처를 고쳐 주옵소서.
> 거룩한 사랑의 불이시여, 오셔서 내 죄의 가시덤불을 태워버리시며,
> 당신 사랑의 불을 내 마음에 붙여 주옵소서.
> 나의 왕이시여, 오셔서 내 마음의 보좌에 앉아 다스리옵소서.
> 당신만이 나의 왕이요 주이십니다.[9]

하나님의 실재를 가리키는 세 개의 지침

하나님은 우리의 사랑의 대상, 인격적인(개인적인) 친구이시다. 우리는 개인적인 친구의 존재를 증명할 필요가 없다. 올리비에 클레멘트(Olivier Clément)는 말하기를, 하나님은 "외부의 증거가 아니라 우리 내면의 은밀한 부름이시다"라고 말한다. 만일 우리가 하나님을 믿는다면, 그것은 논리적인 증거들 때문이 아니라 우리 자신의 경험을 통해서 직접 하나님을 알기 때문이다. 여기에서 "경험"과 "경험들"을 구분해야 할 필요

---

9) St. Dimitrii of Rostov: in Nicholas Arseniev, *We Beheld His Glory: The Primitive Christian Message and Present-Day Religious Trend* (SPCK, London, 1937), p. 133.

가 있다. 직접적인 경험은 특수한 경험들을 동반하지 않고서도 존재할 수 있다. 다메섹 도상에서의 바울처럼 어떤 음성을 듣거나 환상을 보고서 하나님을 믿게 된 사람들이 많다. 그러나 이러한 유형의 특별한 경험을 한 적이 없지만 자신의 삶 안에 살아 계신 하나님에 대한 전체적인 경험이 존재한다고 시인할 수 있는 사람들, 즉 의심보다 더 근본적인 차원에 존재하는 확신을 가진 사람들도 많다. 그들은 성 어거스틴이나 파스칼이나 웨슬리처럼 하나님을 경험한 정확한 장소나 순간을 지적할 수는 없지만, 자신 있게 "나는 개인적으로 하나님을 안다" 말할 수 있다.

그것이 하나님 존재의 기본적인 "증거"이다. 즉 (반드시 경험에 호소하지는 않는) 직접적인 경험에의 호소이다. 그러나 신적인 실재를 논리적으로 증명할 수는 없지만, 그것을 가리켜 주는 지침들은 존재한다. 우리의 내면이 그렇듯이, 우리 주위의 세계에도 설명을 요구하지만 인격적인 하나님에 대한 믿음에 헌신하지 않는 한 설명할 수 없는 사실들이 있다. 그러한 세 가지 "지침들"에 대해서 특별히 언급할 필요가 있다.

첫째, 우리 주위의 세상이다. 우리는 무엇을 보는가? 무질서, 낭비, 비극적인 절망, 겉보기에 무익한 듯한 고난 등을 본다. 그것뿐인가? 물론 그렇지 않다. "악의 문제"가 있다면, "선의 문제"도 있을 것이다. 우리는 어디에서든지 혼동뿐만 아니라 아름다움도 본다. 우리는 눈송이나 나뭇잎이나 곤충 안에서 인간의 솜씨로는 결코 만들어 내지 못하는 섬세하고 균형 잡힌 체계적 형태들을 발견한다. 이런 것들을 감상적으로 다루어서는 안 되지만, 그것들을 무시해서도 안 된다. 이러한 형태들은 어떻게, 왜 나타났을까? 내가 공장에서 갓 출고되어 가지런히 정돈된

제1장 신비이신 하나님 **27**

카드 한 벌을 손에 들고 섞는다고 생각해 보자. 내가 여러 번 섞을수록 처음의 가지런히 정돈된 형태는 점차 사라지고 카드들은 의미 없이 나열될 것이다. 그러나 우주의 경우에는 이와 반대의 현상이 발생했다. 최초의 혼돈 상태에서부터 영원히 복잡해지고 의미가 증가되는 형태들이 출현했는데, 그러한 형태들 중에서 가장 복잡하고 의미 있는 것이 인간이다. 우리가 카드를 섞을 때에 일어나는 과정과 정반대의 과정이 우주에서 발생하는 것은 어찌된 일인가? 누가, 혹은 무엇이 이 우주의 질서와 계획에 대해 책임을 져야 하는가? 이러한 질문들은 결코 비합리적인 것이 아니다. 내가 질서와 의미를 발견할 때마다 나로 하여금 설명을 찾도록 강요하는 것은 바로 나의 이성이다.

"그 곡식은 동방의 것인데 죽지 않는 밀알이었습니다. 그것은 결코 씨앗을 뿌려서 생긴 것이 아니고 내가 수확할 수 있는 것도 아니었습니다. 나는 그것이 영원에서부터 영원에 이르도록 서 있었다고 생각했습니다. 거리의 먼지와 돌들은 금처럼 귀중했습니다.…문으로 들어가면서 처음으로 초록빛 나무들을 보았을 때 나는 무척 기쁘고 황홀했습니다. 그것들의 감미로움과 특별한 아름다움 때문에 내 마음을 뛰었고 미칠 것처럼 황홀했습니다. 그것들은 아주 진기하고 경이로운 것들이었습니다.…"

토머스 트래헌(Thomas Traherne)이 어린 시절에 세상의 아름다움을 묘사한 것과 견줄 수 있는 많은 본문을 정교회는 가지고 있다. 그 예로 키

예프공국의 대공 블라디미르 모노마흐(Vladimir Monomakh, 1053-1125)의 글이 있다:

> 오, 주님! 해와 달과 별들, 어둠과 빛, 그리고 물 위에 놓인 땅이 당신의 섭리에 의해 얼마나 정돈되어 있는지요!
> 오, 주님! 여러 가지 동물들, 새들과 물고기들이 당신의 사랑의 돌보심으로 얼마나 아름답게 치장하고 있는지요!
> 우리는 다음과 같은 경이로움에 경탄합니다: 우리는 당신께서 흙으로 인간을 지으신 것, 인간들의 얼굴의 다양성에 경탄합니다. 온 세상 모든 사람들을 한 자리에 모아 놓아도 같은 얼굴은 하나도 없습니다. 각 사람은 하나님의 지혜로 말미암아 각기 다른 모습을 하고 있습니다.
> 하늘의 새들이 자기들의 낙원에서부터 날아가는 모습에도 우리는 경탄합니다. 그것들은 한 곳에 머물지 않으며, 약한 것이든 튼튼한 것이든 모두 하나님이 명령하시는 숲이나 벌판으로 날아갑니다.[10]

이처럼 세상에 혼동과 의미가 존재하며, 무익함뿐만 아니라 일관성과 아름다움이 존재한다는 사실은 하나님을 향한 첫 번째 "지침"를 제공해 준다. 우리는 우리 자신 안에서 두 번째 지침을 발견한다.

내가 즐거움을 원하고 고통을 싫어하는 것과는 상관없이 왜 나의 내

---

10) Prince Vladimir Monomakh: in G. P. Fedotov, *The Russian Religious Mind*, vol. i, *Kievan Christianity: The Tenth to the Thirteenth Centuries* (Havard University Press, Cambridge, Mass., 1966), p. 247.

면에는 책임감과 도덕적인 의무감, 옳고 그름에 대한 의식, 즉 양심이 있는 것일까? 이 양심은 단순히 사람들이 가르쳐준 표준에 순종하라고 말하지 않는다. 내 양심은 개인적인 것이다. 게다가 시간과 공간 안에 위치하고 있는 내가, 나의 내면에서 니콜라스 카바실라스가 말한 바 "무한한 갈증" 또는 무한한 것에 대한 갈증을 발견하는 것은 어찌된 일인가? 나는 누구인가? 나는 어떤 존재인가?

이러한 질문들에 대한 대답은 결코 분명하지 못하다. 인간의 영역은 무척 광범위하다. 우리 각 사람은 자신의 참되고 깊은 자아에 대해서는 그다지 알지 못한다. 내적·외적인 인식 기능을 통해서, 기억력을 통해서, 무의식의 능력을 통해서 우리는 공간을 광범위하게 섭렵하며, 시간적으로 과거와 미래를 드나들며, 시간과 공간을 초월하여 영원에까지 이른다. 『마카리우스의 신령한 설교』(The Homilies of St. Macarius)에 다음과 같은 말이 있다:

> 마음 안에 헤아릴 수 없는 깊음이 있다. 그것은 작은 그릇에 불과하다. 그런데 그곳에는 용들도 있고 사자들도 있고, 해로운 것들도 있고 악한 것들도 있다. 평탄하지 않은 거친 길도 있고, 갈라져서 틈이 벌어진 곳도 있다. 그곳에는 하나님이 계시고, 천사들이 있고, 생명과 천국이 있고, 빛이 있고, 사도들이 있고, 거룩한 도시들이 있고, 은혜의 보물들이 있다. 그곳에는 모든 것이 있다.[11]

이런 식으로 두 번째 "지침"은 우리의 마음 안에 있다. 나의 양심의 의미는 무엇인가? 무한한 것에 대한 나의 의식을 무엇으로 설명할 수 있을까? 나의 내면에는 나로 하여금 항상 나 자신을 초월하여 바라보게 만드는 것이 있다. 나의 내면에는 경이의 원천, 지속적인 자기-초월의 원천이 있다.

세 번째 "지침"은 나와 다른 사람들의 관계 안에서 발견되어야 한다. 우리의 일생에서 한두 번쯤은 다른 사람의 가장 깊은 존재와 진리가 드러난 것을 목격하며 그 사람의 내적 생명을 마치 우리 자신의 것인 듯이 경험하는 갑작스런 발견의 순간이 있다. 이처럼 다른 사람의 참된 개성과의 만남은 초월적이고 무한한 것과의 만남, 죽음보다 더 강력한 것과의 만남이다. 우리가 어떤 사람에게 진심으로 "나는 너를 사랑한다"고 말하는 것은 "너는 결코 죽지 않을 것이다"라고 말하는 것이 된다. 그와 같은 인격적인 동참의 순간에, 우리는 논증을 통해서가 아니라 직접적인 확신에 의해서 죽음을 초월하는 생명이 있다는 것을 알게 된다. 우리 자신의 경험에서와 마찬가지로 다른 사람들과의 관계에서도 우리는 저 세상의 것을 가리켜 주는 초월의 순간들을 소유한다. 어떻게 해야 이러한 순간들에 충실하며, 그것들을 이해할 수 있을까?

이 세 가지 "지침"—우리 주위의 세상, 우리 내면의 세계, 그리고 우리와 사람들과의 관계—이 합해져 하나의 접근 방법이 되어 우리를 하나님에 대한 믿음의 문턱으로 인도해 줄 수 있다. 이 지침들 중 어느 것도 논

---

11) *The Homilies of St. Macarius* iv, 32 and xliii, 7, tr. George A. Malony, Pseudo-Macarius: *The Fifty Spiritual Homilies and the Great Letter* (The Classics of Western Spirituality: Paulist Press, New York, 1992), pp. 120 and 222.

리적인 증명은 되지 못한다. 그렇다면, 그것을 대신할 수 있는 대안은 무엇인가? 우주의 분명한 질서를 단순히 우연이라고 말해야 하는가? 양심은 사회적인 조정의 결과이고 지구상의 생명은 궁극적으로는 소멸될 것이라고, 인류가 경험한 모든 것과 우리의 잠재성들은 결국 존재하지도 않았던 것처럼 될 것이라고 말해야 하는가? 내 생각에 그러한 대답은 만족스럽지 못하고 비인간적일 뿐만 아니라 매우 비합리적이다.

    나는 의미 있는 설명을 찾으려고 사방을 찾아다니는 성격을 가지고 있다. 내 인생에서 비교적 사소한 일을 다룰 때에도 이렇게 행하는데, 하물며 보다 중요한 일을 다룰 때에는 당연히 그렇게 하지 않겠는가? 하나님에 대한 믿음은 이 세상에 추한 것도 있고 아름다운 것도 있는 이유를 이해하는 데 도움을 준다. 또 왜 내가 비열하기도 하고 고귀하기도 한 존재인지, 왜 내가 다른 사람들의 영원한 가치를 인정하면서 그들을 사랑해야 하는지를 이해하는 데 도움을 준다. 나는 하나님에 대한 믿음 외에, 이 모든 것에 대한 다른 설명을 발견할 수 없다. 하나님에 대한 믿음은 나로 하여금 사물들을 이해하게 해주며, 그것들을 하나의 일관성 있는 전체로 보게 해준다. 다른 것은 결코 할 수 없는 방법으로 그렇게 해준다. 믿음은 나로 하여금 그 많은 것들을 하나로 통합하게 해준다.

본질과 역사하심

    하나님과 우리의 관계를 가리켜 주는 두 "기둥"—미지의 하나님인 동시에 잘 알려져 있는 하나님, 감추어져 계신 동시에 계시되어진 하나님-을 지적하기 위해서 정교회 전통에서는 하나님의 본질 혹은 내적 존재와 하나님의 역사하심(energies; 정교회에서는 '에너지'의 복수형으로 표현하는 경우 '하나님의 역사(役事)하심'으로 해석하고 있음: 역자 주), 작용, 능력 있는 행위들을 구분한다.

성 아타나시우스(St. Athanasius)는 "하나님은 본질상 만물의 외부에 계시지만, 능력 있는 행위를 통하여 만물의 내면에 계시다"[12]라고 했다. 성 바실(St. Basil)은 "하나님의 본질을 본 사람은 한 사람도 없지만, 우리는 그 역사하심을 경험하기 때문에 그분의 본질을 믿는다"[13]고 주장한다. 하나님의 본질은 그분의 타자성을 의미하며, 역사하심(*energia*)은 그분의 가까이 계심(nearness)을 의미한다. 하나님은 우리의 이해를 초월하는 신비이시기 때문에, 우리는 이 세상에서나 다음 세상에서 결코 그분의 본질과 내적 존재를 알지 못할 것이다. 만일 우리가 신의 본질을 알게 된다면, 우리는 하나님이 하나님 자신을 아시는 것과 동일한 방법으로 하나님을 알게 될 것인데, 이것은 인간으로서는 결코 이룰 수 없는 일이다. 왜냐하면 그분은 창조주시고, 우리는 그 피조물이기 때문이다. 하나님의 내적 본질이 영원히 우리의 이해를 초월하는 것이기는 하지

---

12) St. Athanasius, *On the Incarnation* 17, tr. R. W. Thomson, *Athanasius: Contra Gentes and De Incarnatione* (Oxford Early Christian Texts: Clarendon Press, Oxford, 1971), p. 174.

13) St. Basil, in *Doctrina Patrum de Incarnatione Verbi*, ed. W. Jaeger and Paul Alexander, *Gregorii Nysseni Opera*, vol. v (Brill, Leiden, 1962), pp. 413-14, tr. Jean Daniélou and Hebert Musurillo, *From Glory to Glory* (St. Vladimir's Seminary Press, New York, 1989), pp. 127-8.

만, 그분의 역사하심, 은혜, 생명, 그리고 능력은 온 우주를 가득 채우고 있으며, 직접 우리에게 접근할 수 있다.

하나님의 본질이란 하나님의 근본적인 초월성을 의미하며, 하나님의 역사하심이란 그분의 내재성과 편재하심을 의미한다. 정교회에서 신적 역사하심에 대해 말할 때에 그것은 하나님으로부터의 방사(emanation), 하나님과 인간 사이에 있는 중개물, 또는 하나님께서 우리에게 수여해 주시는 물건이나 선물 등을 의미하는 것이 아니다. 에너지들은 행동하시거나 자기를 나타내시는 하나님 자신이다. 사람이 신적 에너지를 알거나 그것에 참여할 때, 그는 피조된 존재에게 가능한 범위 안에서 하나님을 알거나 하나님 안에 참여한다. 그러나 하나님은 하나님이시고, 우리는 인간이다. 그러므로 하나님이 우리를 소유하시는 한, 우리가 하나님과 같은 방법으로 하나님을 소유할 수는 없다.

하나님의 에너지들을 하나님께서 우리에게 수여해 주시는 "사물"로 생각할 수 없듯이, 그것들을 하나님의 한 "부분"으로 간주하는 것도 옳지 않을 것이다. 신격(Godhead)은 단순하고 구분될 수 없으며, 여러 부분을 소유하지도 않는다. 본질이란 본래 존재하시는 그대로의 완전한 하나님을 의미하며, 에너지란 행동하시는 존재로서의 완전한 하나님을 의미한다. 하나님은 그 신적인 각각의 에너지들 안에 완전히 현존하신다. 그러므로 본질과 에너지들을 구분하는 것은 곧 온전하신 하나님은 우리가 접근할 수 없으며 개방적인 사랑 안에 계신 온전한 하나님은 인간의 접근을 허락하신다고 말하는 방법이 된다.

이렇게 신적 본질과 신적 에너지들을 구분함으로써 우리는 인간과 하나님 사이의 직접적 혹은 신비적인 합일―헬라 교부들은 이것을 인간의 신화(*theosis*)라고 지칭한다―의 가능성을 긍정할 수 있지만, 동시에 둘 사이의 범신론적 동화를 배제한다. 인간은 하나님의 에너지들 안에는 참여하지만 본질에는 참여하지 못하기 때문이다. 합일(union)은 존재하지만, 혼동(confusion)이나 융합(fusion)은 존재하지 않는다. 인간은 신적인 것과 하나가 되어도 여전히 인간으로 남아 있다. 그는 신적인 것에 삼켜지거나 멸절하는 것이 아니며, 하나님과 인간 사이에는 항상 "나-당신"(I-Thou)이라는 인격 대 인격의 관계가 존재한다.

우리는 본질상 하나님을 알 수 없지만, 그 에너지들과 관련해서는 알 수 있다. 그분은 우리가 생각하거나 표현할 수 있는 모든 것을 초월하시지만, 우리 자신의 마음보다 더 우리 가까이 계시다. 우리는 부정(*apophatic*)의 방법을 통해서 우리가 하나님에 관해 형성한 모든 우상이나 정신적인 형상을 산산이 부순다. 왜냐하면 그 모든 것들이 하나님의 탁월한 위대하심에 합당하지 못하다는 것을 알기 때문이다. 동시에 우리는 기도를 통해서, 그리고 세상에서의 적극적인 봉사를 통해서 매 순간 그분의 신적인 에너지들, 각 사람과 각각의 사물 안에 있는 그분의 직접적인 임재를 발견한다. 우리는 날마다, 시간마다 그분과 접촉한다. 우리는 프랜시스 톰슨(Francis Thompson)이 말한 것처럼 "낯선 땅에 있는 것"이 아니다. 우리 주위에 있는 모든 것은 "무척 장려한 것"이다. 야곱의 사다리는 "천국과 십자가 사이에 세워져 있다."

오, 보이지 않는 세계여, 우리는 그대를 보노라

오, 만질 수 없는 세계여, 우리가 그대를 만지노라

오, 알 수 없는 세계여, 우리는 그대를 아노라

이해할 수 없는 것이여, 우리는 그대를 단단히 붙잡노라.

존 스코투스 에리우게나(John Scotus Eriugena)는 "눈에 보이거나 보이지 않는 모든 피조물은 하나님의 현현 혹은 출현이다"라고 말했다. 그리스도교인이란 어느 곳에서나 하나님을 보고 하나님을 기뻐하는 사람이다. 초대 교인들은 그리스도께서 다음과 같은 말을 하셨다고 했는데, 그것은 일 리가 있다: "돌을 들어 올려라. 그러면 너희는 나를 발견할 것이다. 나무를 둘로 쪼개라. 그곳에 내가 있을 것이다."

뾰족하고 가파른 절벽을 상상해 보라. 어떤 사람이 그 절벽 끝에 섰는데, 그 밑에 아무것도 발을 지탱해 주거나 받쳐 줄 것이 없는 것을 볼 때에 느낌이 어떨지 생각해 보라. 물질적인 것 안에 있는 발판을 초월하여 차원을 소유하지 않으며 영원 전부터 존재하는 것을 추구할 때에 영혼이 경험하는 것이 바로 이런 것이라고 생각한다. 이곳에는 붙잡을 것도 없고, 시간이나 장소도 없고, 척도도 없고 아무것도 없다; 우리의 정신은 그것에 접근할 수 없다. 영혼은 붙잡을 것이 없을 때마다 미끄러지면서 점점 현기증이 나고 당황하게 되며, 다시 자신과 같은 성질의 것에게로 복귀한다. 이윽고 초월하시는 분은 영혼이 알고 있는 것들의 본질과는 완전히 다른 분이라는 것만 아는 것에 만족한다.

닛사의 그레고리

어떤 사람이 밤중에 문을 완전히 닫고 집 안에 있다고 생각해 보라. 그 사람이 창문을 열었는데 갑자기 번개가 쳤다고 생각해 보자. 그 사람은 그 밝음을 감당할 수 없어서 눈을 감고 창문에서 물러남으로써 자신을 보호한다. 감각의 영역에 둘러싸여 있는 영혼도 그와 같다. 그 영혼이 지성의 창문을 통해서 밖을 내다본다면, 자기 내면에 있는 성령의 약속이 지닌 번갯불과 같은 밝음에 압도될 것이다. 영혼은 드러나는 그 빛의 광채를 감당할 수 없기 때문에 지성적으로 당황하여 철저히 자신을 의지하며, 감각적이고 인간적인 것들 사이에서 피난처를 취할 것이다.[14]

신신학자 시므온

말로 형언할 수 없는 빛을 말로 묘사하려고 노력하는 사람은 정말로 거짓말쟁이다. 이는 그가 진리를 미워하기 때문이 아니라 그의 묘사가 부적당하기 때문이다.[15]

닛사의 그레고리

---

14) St. Symeon the New Theologian, *Theological, Gnostic and Practical Chapters* iii, 54, ed. Darrouzés, p. 96, tr. McGuckin, pp. 87-88.

15) St. Gregory of Nyssa, *On Virginity* x, 2, ed. Michel Aubineau (Source chrétiennes 119: Paris, 1966), p. 376, tr. Daniélou and Musurillo, *From Glory to Glory*, p. 105.

감각과 지성의 작업, 감각과 지성이 감지할 수 있는 모든 것, 존재하는 것과 존재하지 않는 모든 것을 버리라. 그리고 가능한 한 무지(unknowing)를 통해서 모든 존재와 지식을 초월하시는 분과의 하나 됨을 향해 뻗어 가라. 이렇게 타협함이 없이 절대적이고 순수하게 그대 자신과 모든 사물로부터 이탈함으로써, 모든 것을 초월하고 모든 것에서 해방됨으로써, 그대는 모든 존재를 초월하는 신적 암흑의 광채를 향해 올라가게 될 것이다. 이해를 초월하는 암흑 속으로 들어가면, 우리는 자신이 단순히 언어의 간결함에 이른 것이 아니라 완전한 침묵과 무지에 이른 것을 발견한다. 지식을 완전히 비운 사람은 자신의 최고의 부분 안에서 피조 된 사물도 아니고, 자기 자신도 아니고 다른 사람도 아닌 완전히 알 수 없는 유일하신 분과 연합된다. 아무것도 알지 못하는 상태에서 그는 이해를 초월하는 방식으로 알게 된다.[16)]

아레오파고 사람 디오니시우스

하나님의 형태는 말로 형언할 수 없고 무어라고 묘사할 수도 없으며, 육체의 눈으로 볼 수도 없다. 그분은 무한히 영광스러우시며, 불가해할 만큼 위대하시고, 상상할 수 없을 정도로 높으시며, 비교할 수 없이 강하시며, 접근할 수 없이 지혜로우시고, 모방할 수 없을 만큼 사랑하시며, 말로 표현할 수 없을 만큼 자비하시다. 인간 안에 있는 영혼은 사

---

16) St. Dionysius the Areopagite, *The Mystical Theology* i and 3, tr. Colm Luibheid, *Pseudo-Dionysius: The Complete Works* (The Classics of Western Spirituality: Paulist Press, New York, 1987), pp. 135, 137, 139.

람들에게 보이지 않기 때문에 볼 수 없지만 우리가 육체의 움직임을 통해서 그것의 존재를 알 수 있는 것처럼, 하나님도 인간의 눈에는 보이지 않지만 우리는 그분의 섭리와 솜씨를 통해서 그분을 보고 알게 된다.[17]

안디옥의 테오필루스

우리는 본질적으로 하나님을 알지 못한다. 우리는 하나님의 창조의 영광에 비추어서, 그리고 모든 피조물을 위한 그분의 섭리적인 돌보심을 바탕으로 하여 그분을 안다. 우리는 거울을 사용하듯이 이러한 방편들에 의해서 그분의 무한한 선과 지혜와 능력에 대한 통찰을 획득한다"[18]

참회자 막시무스

하나님과 인간의 영혼 사이에서 발생하는 일 중에 가장 중요한 것은 사랑하고 사랑받는 일이다.[19]

은수사 칼리스토스

하나님을 향한 사랑은 몰아의(ecstatic) 사랑으로서, 우리로 하여금 자신에게서 벗어나게 한다. 그러한 사랑은 사랑하는 사람이 자신에게 속하

---

17) Theophilus of Antioch, *To Autolycus* i, 3 and 5, tr. Robert M. Grant(Oxford Early Christian Texts: Clarendon Press, Oxford, 1970), pp. 4, 7.
18) St. Maximus the Confessor, *On Love* i, 96, tr. G. E. H. Palmar, Philip Sherrard and Kallistos Ware, *The Philokalia*, vol. ii (Faber & Faber, London, 1981), p. 64.
19) Kallistos Kataphygiotos, *On Union with God and the Contemplative Life* 25(PG 147: 860A).

는 것을 허락하지 않으며, 사랑하는 그분에게만 속하게 한다.[20]

아레오파고의 디오니시우스

변하지 않는 분이 내려오시는 것을 나는 압니다.
보이지 않는 분이 나타나시는 것을 나는 압니다.
모든 창조 세계의 외부 멀리 계시는 분께서 나를 품으시고 그 팔 안에 감추어 주시는 것을 나는 압니다.
그 때에 나 자신이 온 세상의 외부에 있음을 발견합니다.
세상에서 연약하고 하찮은 필멸의 존재인 나는
세상의 창조주, 그분의 모든 것을 나 자신 안에서 봅니다.
나는 생명(Life) 안에 있기 때문에 결코 죽지 않을 것을 압니다.
생명 전체가 내 안에서 샘물처럼 솟구치는 것을 압니다.
그분은 내 마음 속에 계시고, 천국에 계십니다.
그 분은 그곳이나 이곳에서나 동등한 영광을 가지고 나에게 자신을 보여 주십니다.[21]

신신학자 시므온

---

20) St. Dionysius the Areopagite, *On the Divine Names* iv, 13, tr. Luibheid, p. 82.

21) St. Symeon the New Theologian, *Hymn* 13, ed. Johannes Koder, vol. i (Spurces Chrétiennes 156: Parid, 1969), p. 262, tr. George A. Maloney (Dimension Books, Denville [no date], p. 46.

제2장

삼위일체이신 하나님

성부여, 당신은 나의 소망이십니다.
성자여, 당신은 나의 피난처이십니다.
성령이여, 당신은 나의 보호자이십니다.
성 삼위께 영광을 돌립니다.[1)]

성 이오안니키오스(St. Ioannikios)의 기도

피조된 분이 아니시며 시작도 없으신 삼위일체여,
세 분이면서 하나이신 분, 나누이지 않는 통일체여,
성부와 성자와 성령, 한 분 하나님:
흙으로 만들어진 우리가 입으로 드리는 이 찬송을
불의 입으로 드리는 찬송처럼 받아주옵소서.[2)]

사순절 예식서(Triodion) 에서

---

1) Prayer of St. Ioannikios (at the end of Compline): *The Liturgikon*, issued by the Antiochian Orthodox Christian Archdiocese of North America(Englewood, 1989), p. 66.
2) *The Lenten Triodion*, tr. Mother Mary and Kallistos Ware(Faber & Faber, London, 1978), p. 520.

공동의 사랑이신 하나님

우리는 신앙고백의 첫머리에서 "나는 한 분 하나님을 믿습니다"라고 고백한다. 그러나 그 뒤에 이어서 "나는 성부와 성자와 성령이신 하나님을 믿습니다"라고 고백한다. 하나님 안에는 참된 통일성은 물론 진정한 다양성이 있다. 그리스도교의 하나님은 단일체이실 뿐만 아니라 연합체이시며, 통일체이실 뿐만 아니라 공동체이시다. 하나님 안에는 "사회"와 유사한 것이 있다. 하나님은 자기만을 사랑하시는 단일한 위격이 아니시며, 독립적인 단일체(*monad*) 혹은 "일자"(The One)가 아니시다. 하나님은 삼위일체시다. 세 개의 동등한 위격이 각기 끊임없는 상호 사랑의 운동에 의해서 나머지 두 위격 안에 거한다. 캐슬린 레인(Kathleen Raine)의 시의 제목, "나는 사랑한다. 그러므로 나는 존재한다"(*Amo ergo sum*)가 성삼위일체이신 하나님의 표제가 될 수 있을 듯하다. 섹스피어가 두 사람의 사랑에 관해 말한 것 역시 영원하신 삼위의 거룩한 사랑에 적용할 수 있을 듯하다:

그들은 사랑했습니다.
그들의 사랑은 둘이지만 본질은 하나였습니다.
두 개의 분명한 사랑이지만 구분이 없었습니다.
사랑 안에서 숫자는 사라졌습니다.

영적 여행의 최종 목적은 우리 인간들도 이 삼위일체적인 공동의 천성 혹은 페리코레시스(*perichoresis*: 상호 침투적 사랑)의 일부가 되어 하나님 안에 존재하는 사랑의 원 안에 완전히 흡수되는 데 있다. 그렇기 때문에 그리스도께서는 십자가에 달리시기 전날 밤에 "아버지께서 내 안에, 내가 아버지 안에 있는 것같이 그들도 다 하나가 되어 우리 안에 있게 하옵소서"(요 17:21)라고 기도하신 것이다.

하나님이 세 위격이라는 것을 왜 믿어야 하는가? 유대교나 이슬람교에서처럼 간단하게 신적인 통일체를 믿는 것이 더 쉽지 않을까? 삼위일체의 교리는 문자 그대로 하나의 "십자가"(*crux*)로서, 하나의 도전으로서 우리 앞에 선다. 블라디미르 로스키(Vladimir Lossky)의 말을 빌리자면, "인간적인 사고방식들을 위한 십자가"로서 우리 앞에 서며, 근본적인 회심(*metanoia*)의 행위, 즉 단순히 공식적인 동의의 몸짓이 아닌 정신과 마음의 진정한 변화를 우리에게 요구한다.

그렇다면 삼위일체 하나님을 믿는 이유는 무엇인가? 앞 장에서, 하나님의 신비에 들어가는 두 가지 매우 유익한 방법이 있다고 말했다. 그것은 하나님이 인격적인 분이라는 것, 그리고 하나님이 사랑이시라는 것을 인정하는 것이다. 이 두 가지 개념은 상호관계와 공유를 함축하고 있다. 첫째, "인격체"는 "개체"와 동일한 것이 아니다. 우리 각 사람은 고립되고 자립한 상태로는 진정한 인격체가 아닌 개인, 즉 인구조사표에 기록되는 하나의 단위일 뿐이다. 이기심은 참된 개성의 죽음이다. 각 사람은 다른 사람들과의 관계에 들어감을 통해서, 그들을 위한, 그리고 그들 안에서의 삶을 통해서만 진정한 인격체가 된다. 그러므로 최소한 의사소통을 하는 두 사람이 없다면, 사람은 없는 것이라는 말은 옳은 말이다. 사랑에 대해서도 같은 말을 할 수 있다. 사랑은 고립해서는 존재할 수 없으며 항상 상대방을 전제로 한다. 자기애(self-love)는 사랑의 부정이다. 찰스 윌리엄스(Charles Williams)가 그의 소설 『지옥으로의 하강』(Descent to Hell)에서 묘사한 것처럼 자기애는 곧 지옥이다. 왜냐하면 궁극적인 결론에 이르면, 자기애는 곧 모든 기쁨과 모든 의미의 종식을 의미하기 때문이다. 지옥이란 다른 사람들 때문이 아니라 이기심 때문에 다른 사람들로부터 고립된 나 자신이다.

하나님은 우리보다 더 잘 아신다. 만일 인간 생활에서 가장 소중한 요소가 "나-당신"(I-Thou)의 관계라면, 어떤 의미에서 이 관계를 하나님의 영원하신 존재에도 적용할 수 있을 것이다. 이것이 바로 삼위일체의 교리가 의미하는 바이다. 영원 전부터 하나님은 자신을 세 가지 방법으로 "나-그대"로 알고 계시며, 끊임없이 이 지식을 기뻐하신다. 그러므로 인간과 인간적 사랑에 대한 우리의 제한된 인식 안에 함축되어 있는 모든 것을 우리는 삼위일체이신 하나님에게도 적용하며, 그분 안에서는 이러한 것이 우리가 상상할 수 있는 것 이상으로 무한히 더 큰 의미를 지닌다고 추가한다.

인격(personhood)과 사랑은 생명, 운동, 발견을 의미한다. 그러므로 삼위일체의 교리는 곧 우리가 하나님을 정적인 것보다는 동적인 것으로 생각해야 한다는 것을 의미한다. 하나님은 단순히 정적(靜寂), 평안, 불변하는 완전이 아니다. 우리는 삼위일체 하나님을 상징히는 것으로 바람이나 흐르는 물, 타오르는 불 등을 사용해야 한다. 삼위일체를 나타내는 데 즐겨 사용되는 유비는 하나의 불길을 이루며 타오르는 세 개의 횃

불이다. 『사막 교부들의 금언』을 보면, 어느 날 한 형제가 영적 아버지인 파네포의 요셉(Joseph of Panepho)을 찾아왔다. 그 형제는 "아버지여, 나는 체력에 맞추어 기도하고 금식하며, 독서하고 침묵하는 적절한 규칙을 지키고 있습니다. 그리고 할 수 있는 한 생각을 깨끗하게 하고 있습니다. 무엇을 더 해야 할까요?"라고 질문했다. 요셉은 자리에서 일어나 하늘을 향해 두 손을 쳐들었는데 그의 열 손가락은 타오르는 횃불처럼 되었다. 요셉은 형제에게 "원한다면, 당신은 완전히 불길처럼 될 수 있습니다"라고 말해 주었다. 살아 있는 불길이라는 이 상징이 인간 본성의 절정을 이해하는 데 도움이 된다면, 그것을 하나님에게도 적용할 수 있지 않을까? 삼위일체의 세 위격은 "하나의 불길처럼 완전하다."[3]

그러나 결국 가장 오류가 적은 상징은 우리 외부의 물질계가 아닌 마음 안에서 발견되어야 한다. 가장 훌륭한 비유는 다음과 같다: 다른 사람들을 열심히 돌보는 경험, 그리고 우리의 사랑은 보답을 받는다는 것을 알게 되는 경험이다.

한 본질 안에 있는 세 위격

그리스도께서는 "나와 아버지는 하나이니라"(요 10:30)고 말씀하셨다. 그것은 무엇을 의미하는가? 그에 대해 대답하기 위해서, 일곱 차례의

---

[3] *The Sayings of the Desert Fathers*, alphabetical collection, Jeseph of Panepho 7, tr. Ward, p. 103.

에큐메니칼 공의회 중 첫 두 차례의 공의회인 니케아 공의회(325)와 콘스탄티노플 공의회(381), 그리고 거기에서 작성한 신조를 살펴보려 한다. 그 신조에서 중심이 되는 결정적인 주장은, 예수 그리스도는 "참 하나님에게서 나온 참 하나님"이시며, 성부 하나님과 "본질에 있어서 하나", 혹은 "동일본질"(*homoousios*)이시라는 것이다. 다시 말해서 예수 그리스도는 성부 하나님과 동등하시다. 그는 성부가 하나님이신 것과 동일한 의미에서 하나님이시며, 그럼에도 불구하고 그들은 두 분 하나님이 아니라 한 분이시다.

4세기 후반 헬라 교부들은 이 가르침을 발달시키면서 성령에 대해서도 같은 이야기를 했다: 성령도 참되신 하나님, 성부와 성자와 "본질에 있어서 하나"라고 말했다. 그러나 성부와 성자와 성령이 단일한 하나님이심에도 불구하고 그들 각각은 영원 전부터 하나의 위격, 의식이 있는 자아(selfhood)의 분명한 중심이시다. 삼위일체 하나님은 "한 본질 안에 있는 세 개의 위격"으로 묘사되어야 한다. 하나님 안에는 위격적 구분을 지닌 채 결합된 참된 통일성이 존재한다. "본질"(essence), "실체"(substance), 존재(being) 등의 용어는 통일성을 지칭하며, "위격"(person)이라는 용어는 구분을 지칭한다. 우리는 이 약간 난해한 단어가 무엇을 의미하는지 알아야 한다. 왜냐하면 삼위일체의 교의는 우리의 구원에 필수적인 것이기 때문이다.

성부와 성자와 성령은 본질에 있어서 하나이다. 이것은 그분들이 동일 집단이나 일반적인 분류에 속한다는 의미가 아니라, 하나의 단일하고 독특하고 특수한 실체를 형성한다는 의미이다. 이런 점에서 세 개의 거룩한 위격들이 하나라는 의미와 세 개의 인간적인 위격들을 하나라고 부른다는 의미 사이에는 중요한 차이가 있다. 베드로, 야고보, 요한 등 세 인물은 "인간"이라는 일반적인 분류에 속한다. 그들이 긴밀하게 협력한다고 해도, 각 사람은 자신의 의지와 에너지를 보유하고 있으며 독립된 주도력에 의해서 행동한다. 간단히 말해서 그들은 세 사람이지 한 사람이 아니다. 그러나 삼위일체의 세 위격은 그렇지 않다. 그분들 사이에 구분은 있지만 분리는 없다. 성부와 성자와 성령은 세 개의 의지가 아니라 하나의 의지, 세 개의 에너지가 아니라 하나의 에너지를 소유한다고 성인들은 성경의 증언을 토대로 주장한다. 세 위격 중 어느 위격도 나머지 두 위격과 상관없이 행동하지 않는다. 그분들은 세 하나님이 아니라 한 분 하나님이시다.

세 위격들은 결코 나머지 위격들과 상관없이 행동하지 않지만, 하나님 안에는 특수한 통일성은 물론이요 진정한 다양성이 존재한다. 우리의 삶 안에서 역사하시는 하나님 체험에 있어서 우리는 세 분이 항상 함께 행동하신다는 것을 발견하지만, 또한 각각의 위격이 우리 안에서 상이한 방법으로 행동하고 계시다는 것을 안다. 우리는 하나 안에 있는 셋이신 하나님을 경험하며, 하나님의 외부 행위에 있어서 이 세 가지 구분은 그의 내적 생명에서의 세 가지 구분을 반영한다고 믿는다. 세 위격들 사이의 구분은 하나님의 본질 안에 존재하는 영원한 구분으로 간주되어야 한다. 그것은 단순히 세상 안에서의 하나님의 외적 행위에만 적용되는 것이 아니다. 성부와 성자와 성령은 단지 하나님의 "양식"(mode)이나 "분위기"(mood)가 아니며, 하나님께서 피조 세계를 다루시면서 잠시 취하셨다가 벗어버리시는 가면이 아니다. 그분들은 서로 동등하고 영원한 위격들이다. 인간 세계에서 아버지는 당연히 아들보다 나이가 많지만, 성부와 성자이신 하나님에 대해서 말할 때에 그 용어를 이런 의미로 해석해서는 안 된다. 우리는 성자와 관련하여 "그분이 존재하지 않은 때가 없었다"고 주장한다. 성령에 대해서도 같은 말을 한다.

삼위는 각기 완전하고 충분하게 하나님이시다. 어느 한 위격이 나머지 위격들보다 우월하거나 열등한 것이 아니다. 각각의 위격은 신성(Godhead)의 3분의 1을 소유하는 것이 아니라 완전한 신성을 소유한다. 그러면서도 각 위격은 나름의 독특하고 개성적인 방법으로 살며 하나의 신성이시다. 닛사의 그레고리는 삼위일체가 지닌 다양성 내의 통일성을 다음과 같이 강조한다:

> 우리는 성자 안에 성부의 모든 것이 계시된 것을 본다. 또한 성자의 모든 것은 성부의 모든 것이다. 그렇기 때문에 온전한 성자가 성부 안에 거하며, 성자는 자기 안에 거하시는 온전한 성부를 소유한다.…항상 성부 안에 존재하시는 성자는 결코 성부로부터 분리될 수 없으며, 성령을 통해서 모든 일을 하시는 성자로부터 성령을 분리할 수도 없다. 성부를 받는 사람은 동시에 성자와 성령도 받는다. 세 위격들 사이에서 어떤 종류이든 단절이나 분리를 찾아볼 수는 없다. 성부 없이 성자를 생각할 수 없고, 성자로부터 성령을 나눌 수도 없다. 세 위격 사이에는 인간의 말이나 이해를 초월하는 공유(sharing)와 구분(differentiation)이 있다. 위격들 사이의 구분은 본질의 하나 됨을 손상시키지 않으며, 공유하는 본

질의 통일성 때문에 각 위격들의 특성들이 혼동되지도 않는다. 우리는 당연히 하나님의 신성은 통일된 것인 동시에 분화된 것이라고 말해야 한다. 우리는 통일성 내의 다양성과 다양성 내의 통일성이라는 이 기이하고 역설적인 것을 수수께끼를 사용하여 직시한다.[4]

"수수께끼를 사용하여" 그레고리는 삼위일체의 교리가 역설적이며 언어와 이해를 초월한다는 것을 강조하기 위해 고심한다. 그것은 우리의 이성에 의해서 증명되는 것이 아니라, 하나님이 우리에게 계시해 주시는 것이다. 인간의 언어로 그것을 넌지시 암시할 수는 있지만 완전하게 설명할 수는 없다. 우리의 추리력은 하나님이 주신 은사이며 우리는 그것을 충분히 사용해야 하지만, 그것의 한계를 인정해야 한다. 삼위일체는 철학적인 이론이 아니라 우리가 예배하는 살아 계신 하나님이시다. 그러므로 삼위일체에 접근함에 있어서, 논증이나 분석이 말없는 기도에 양보해야 하는 지점에 이른다. "모든 유한한 육체여, 잠잠하며 두렵고 떨림으로 서라"(성 야고보의 기도서).

---

4) St. Gregory of Nyssa, *On the Difference between Essence and Hypostasis*: see Basil, Letter 38, tr. Roy J. Deferrari (The Loeb Classical Library: Havard University Press, Cambridge, Mass, 1926), pp. 226, 211-13.

위격적 특성

삼위일체 중 첫 번째 위격이신 아버지 하나님은 신성의 "원천", 근원, 원인, 혹은 나머지 두 위격을 위한 근원적 원리이시다. 그분은 삼위가 통일하는 결속점이시다. 한 분 아버지가 계시기 때문에 한 분 하나님이 계시다. "성부는 연합점이시다. 위격들의 순서는 그분에서부터, 그리고 그분에게로 흘러간다."[5] 나머지 두 위격은 각기 성부와의 관계에 의해서 정의된다. 성자는 성부에 의해서 잉태되며, 성령은 성부에게서부터 발현한다. 서방에서는 보통 성령이 "성부와 성자로부터" 발현한다고 주장된다. *filioque*("아들로부터")라는 단어는 라틴어 원문에 추가된 것이다. 정교회에서는 *filioque*를 공인되지 않은 채 추가된 것으로 간주할 뿐만 아니라(정교회의 동의를 받지 않고 신조에 삽입되었기 때문이다), 흔히 설명하는 "이중 발현"의 교리는 신학적으로 부정확하며 영적으로 해롭다고 간주한다. 4세기의 헬라 교부들에 의하면(정교회에서는 오늘날까지 그들의 가르침을 따르고 있다), 성부는 신성 안에서 유일하게 통일성의 원천이요 근거이시다. 성부 외에 성자를 성령의 근원으로 삼거나 그분과 결합되어 있다고 보면 각 위격들의 특성을 혼동하게 만들 위험이 있다.

삼위일체의 제2위격은 하나님의 아들, 그분의 "말씀", 혹은 로고스(Logos)이시다. 이런 식으로 성부와 성자이신 하나님에 대해서 말하는 것은 앞에서 말했던 상호 간의 사랑의 운동을 의미하는 것이다. 그것은

---

5) St. Gregory the Theologian, *Oration* xlii, 15.

영원 전부터 성자 하나님께서 아버지로서의 자기희생에 의해서 영원히 그 안에서 발생하시는 존재인 성부께 순종하고 사랑을 돌려 드렸음을 의미한다. 성부는 아들 안에서, 그리고 아들을 통해서 우리에게 계시되신다: "내가 곧 길이요 진리요 생명이니 나로 말미암지 않고는 아버지께로 올 자가 없느니라"(요 14:6). 그분은 베들레헴에서 동정녀 마리아에게서 인간으로 태어나신 분이다. 그러나 또한 그분은 말씀 또는 로고스로서 성육 이전에도 활동하신다. 그분은 만물에 충만하며, 만물을 이끌어 하나님 안에서 일치하게 하며, 우주를 하나의 조화롭고 통합된 완전체로 만드는 질서와 목적의 원리이시다. 창조주-로고스(Creator-Logos)는 피조된 각각의 사물 내면에 그 나름의 로고스(logos) 혹은 내적 원리를 나누어 주셨는데, 그것이 그 사물로 하여금 특징적인 객체가 되게 하며, 동시에 그 사물을 하나님에게로 이끌어 준다. 기술자나 제조자로서 우리 인간이 해야 할 일은 각 사물 안에 있는 이 로고스를 식별하며 드러내는 것이다. 우리는 지배하려 하지 않고 협력하려 한다.

  세 번째 위격은 성령, 하나님의 "바람" 혹은 "숨"이다. 교묘한 분류가 부적합하다는 것을 인식하지만 성령은 우리 안에 계신 하나님, 성자는 우리와 함께 하시는 하나님, 성부는 우리 위에 계신 하나님이라고 말할 수도 있을 것이다. 성자께서 우리에게 성부를 보여 주시는 것처럼, 성자를 우리에게 보여 주시며 우리에게 현존하게 해주시는 분은 성령이시다. 그러나 그 관계는 상호간의 관계이다. 성령은 성자께서 우리에게 임재하시게 만드시지만, 성령을 우리에게 보내 주시는 분은 성자이시다 (우리는 성령의 "영원한 발현"과 그 "일시적인 사명"의 구분에 주목한다. 성령은 성자에 의해서 세상에 보내어진다. 그러나 삼위일체의 영원한 생명 내에서의 근원으로 보자면, 성령은 오로지 성부로부터만 발현한다).

키레네의 시네시우스(Synesius of Cyrene)는 삼위 각각의 특성을 다음과 같이 묘사한다:

> 아들의 근원이신 아버지를 찬양하라.
> 아들은 아버지의 형상이며,
> 아버지는 아들이 서 있는 기초이시다.
> 아들은 아버지의 보증이시다.
> 아버지는 아들의 능력이시며
> 아들은 아버지의 아름다움이시다.
> 지극히 깨끗한 성령은 아버지와 아들 사이의 결속이시다.
> 오! 그리스도여, 성령을 보내 주소서.
> 아버지를 내 영혼에 보내 주소서.
> 내 메마른 심령을 당신의 가장 좋은 선물인
> 이 이슬로 흠뻑 적셔 주옵소서.[6]

하나님을 어머니와 딸로 말하지 않고 아버지와 아들로 말하는 이유는 무엇인가? 본질적으로 하나님에게는 남성이나 여성의 구분이 없다. 남성이나 여성이라는 인간의 성적인 특성은 신적인 생명의 일면을 반영해

---

6) Synesius of Cyrene, *Hymn* 3 (5), ed. Christian Lacombrades(Budé: Paris, 1978), p. 72.

주지만, 하나님 안에는 성(性)이라는 것이 존재하지 않는다. 그러므로 하나님을 아버지라고 말하는 것은 문자 그대로의 의미가 아니라 상징적인 것이다. 그렇다면 왜 여성형이 아닌 남성형의 상징이어야 하는가? 왜 하나님을 "그 여자"라고 하지 않고 "그 남자"라고 부르는가? 그리스도교인들은 때때로 하나님에게 "어머니로서의 표현"(mother language)을 적용해 왔다. 초기 시리아 교부 아프라하트(Aphrahat)는 "아버지 하나님과 어머니 성령"[7]을 향한 신자의 사랑에 대해서 말했으며, 중세 시대 서방의 인물인 노리지의 줄리안(Julian of Norwich)은 "하나님은 자신이 우리의 아버지이심을 기뻐하시며, 또한 우리의 어머니이심을 기뻐하신다"[8]고 주장했다. 그러나 이는 예외적인 것들이다. 대체로 성경이나 교회의 예배에서 사용되는 상징들은 남성형이다.

이처럼 남성형이 사용되어야 하는 이유를 논증으로 증명할 수 없다. 하나님께서 특정의 상징들은 승인하셨지만 나머지 상징들은 승인하지 않으셨다는 것이 우리 그리스도교인들이 경험하는 사실이다. 상징들은 우리가 선택하는 것이 아니라 우리에게 계시되고 주어지는 것이다. 우리는 어떤 상징을 검증하고 실현시키고 희구할 수는 있지만, 그것을 논리적으로 증명할 수는 없다. 그러나 이렇게 우리에게 주어진 상징들이 증명될 수는 없지만 결코 자의적인 것은 아니다. 신화나 문학이나 예술에서 사용되는 상징이 그렇듯이, 종교적인 상징들도 우리 존재의 감추

---

7) Aphrahat, *Demonstration* xviii, 10, ed. I, Parisot, Patrologia Syriaca I, 1(Paris, 1894), col. 840.

8) Julian of Norwich, *Revelations of Divine Live*, chapter 52, ed. Roger Hedleston (The Orchard Books: Burns Oates, London, 1952), p. 103.

어진 깊은 뿌리에 도달하며, 만일 그것들을 바꾸면 중요한 결과가 야기 된다. 예를 들어 만일 "하늘에 계신 우리 아버지"라고 하지 않고 "하늘에 계신 우리 어머니"라고 말한다면, 상징의 우연한 한 부분을 조정하는 데 그치는 것이 아니라 그리스도교를 새로운 종교로 바꾸어 놓는 셈이 된다. 교회의 주님은 어머니인 여성 하나님이 아니다.

왜 하나님은 거룩한 세 위격들의 교제이어야 하는가? 여기에서도 역시 논리적인 증명은 불가능하다. 하나님의 삼위라는 개념은 성경 안에서, 사도의 전승 안에서, 그리고 세월이 흐르는 동안 성인들의 경험 안에서 우리에게 주어지거나 계시된 것이다. 우리가 할 수 있는 일은 주어진 이 사실을 기도 생활에 의해서 검증하는 것뿐이다.

성자의 "발생"(generation)과 성령의 "발현"(procession)의 정확한 차이점은 무엇인가? 다마스커스의 요한(John of Damascus)은 "발생의 방법과 발현의 방법은 이해할 수 없다"고 말한다. "우리는 발생과 발현 사이에 차이가 있다는 말을 들었지만, 그 차이의 본질이 무엇인지는 전혀 이해하지 못한다."[9] 다마스커스의 성 요한이 이렇게 고백했으니, 우리 역시 그럴 것이다. "발생"과 "발현"이라는 용어는 우리의 이성적인 두뇌의 이해를 크게 초월하는 실체를 나타내는 전통적인 상징이다. 대 바실(Basil the Great)은 "우리의 추론적인 이성은 연약하며, 혀는 한층 더 연약하다"고 평했다. "인간의 지성으로 하나님의 형언할 수 없는 위대함을

---

9) St. John of Damascus, *On the Orthodox Faith* i, 8, ed. Bonifatius Kotter, Die Schriften des Johannes von Damaskos, vol. ii (Patristische Texts und Studien 12: Berlin, 1973), pp. 24, 26.

파악하는 것보다는 작은 컵으로 바다를 측량하는 편이 더 쉽다."[10] 그러나 이러한 상징들을 완전히 설명할 수는 없지만 검증할 수는 있다. 기도 안에서 이루어지는 하나님과의 만남을 통해서, 우리는 비록 차이점을 정확하게 정의할 수는 없지만 성령과 성자가 동일한 분이 아니라는 것을 안다.

하나님의 두 손: 성자와 성령

이제 구원 역사와 우리 자신의 기도 생활 안에서의 세 가지 형태를 살펴봄으로써 삼위일체의 교리를 예증해 보려 한다.

삼위는 항상 함께 일하시며 단일한 의지와 에너지를 소유하신다. 성 이레내우스(St. Irenaeus)는 성자와 성령을 성부 하나님의 "두 손"[11]이라고 말한다. 성부께서는 창조적이고 성화시키시는 행동을 하실 때에 이 두 손을 동시에 사용하신다. 성경과 예배는 이에 대한 예들을 제공한다:

1. **창조**. "주(여호와)의 말씀으로 하늘이 지음이 되었으며 그 만상을 그의 입 기운으로 이루었도다"(시 33:6). 성부 하나님은 말씀 혹은 로고스(제2 위격)을 통해서, 그리고 그의 "숨" 혹은 성령(제3 위격)을 통해서 창조하신다. 아버지의 "두 손"은 우주를 형성할 때에 함께 일한다. 로고스에

---

10) St. Basil, *Letter* 7, tr. Deferrari, p. 44; *Homily on Psalm* 115, §2(PG 30:104D).
11) St. Irenaeus, *Against the Heresies*, IV, xx, 1.

대해서는 "만물이 그로 말미암아 지은 바 되었으니"(요 1:3)라고 기록되었고, 성령에 대해서는 태초에 "하나님의 영은 수면 위에 운행하시니라"(창 1:2)고 기록되어 있다. 피조된 모든 것에는 삼위일체의 인장이 찍혀 있다.

2. **성육신**. 수태고지("성모희보") 때에 성부께서는 마리아에게 성령을 보내셨고, 마리아는 영원하신 하나님의 아들을 잉태했다(눅 1:35). 이처럼 하나님께서 우리의 인성을 취하신 것은 삼위일체적 사역이다. 아버지께서 성령을 보내시어, 아들을 동정녀의 자궁 안에 임재하게 하는 결과를 낳았다. 성육신은 삼위일체의 사역일 뿐만 아니라 마리아의 자유의지의 역사이기도 하다. 하나님은 마리아의 자발적인 동의를 기다리셨고, 마리아는 "주의 여종이오니 말씀대로 내게 이루어지이다"(눅 1:38)라고 말했다. 만일 마리아가 동의하지 않았다면, 마리아는 하나님의 어머니가 되지 못했을 수도 있다. 하나님의 은혜는 인간의 자유를 파괴하는 것이 아니라 재확인한다.

3. **그리스도의 세례**. 정교회 전통에서, 그리스도의 세례는 삼위일체의 계시로 간주된다. 하늘로부터 아들에게 "이는 내 사랑하는 아들이요 내 기뻐하는 자라"는 음성이 들려왔고, 동시에 아버지로부터 비둘기의 형태를 한 성령이 내려와서 아들 위에 임했다(마 3:16-17). 그러므로 성교회에서는 그리스도의 세례를 기념하는 축일인 주현절(정교회의 "신현축일": Epiphany, 1월 6일)에 다음과 같이 찬양한다:

주여, 주께서 요르단 강에서 세례 받으실 때

성삼위에 대한 경배가 나타나셨으니

아버지의 소리가 주를 증거하시기를

사랑하는 아들이라 하셨고

성령도 비둘기 모양으로 나타나 이 말씀을 확인하셨도다.

하느님으로 나타나셔서 세상을 밝히신 그리스도시여

주께 영화로다.[12]

정교회의 찬양송에서

4. **그리스도의 변모.** 이것도 역시 삼위일체적인 사건이다. 그리스도의 세례 때와 동일한 관계가 삼위 사이에 성립되어 있다. 성부는 하늘로부터 "이는 내 사랑하는 아들이요 내 기뻐하는 자니 너희는 그의 말을 들으라"(마 17:5)고 말씀하셨고, 성령은 구름의 형태로 아들에게 내려오셨다 (눅 9:34). 이날을 기념하는 축일(8월 6일)의 찬양송에 다음과 같은 내용이 있다:

주께서 산에서 변모하심에 제자들이 감당할 만큼 주의 영광을 보았나이다.

하느님 그리스도여,

십자가에 달리심을 제자들이 보게 될 때, 뜻에 따라 고난 받으심을 알

---

12) Apolytikion for 6 January: *The Festal Menaion*, tr. Mother Masry and Kallistos Ware (Faber & Faber, London, 1969), p. 359.

게 하심이요,

그들로 당신의 아버지의 반영임을 이 세상에 전파하기 위함이로다.[13]

정교회의 찬양송에서

5. 성찬에 성령강림을 희구하는 기도. 수태고지("성모희보"), 그리스도께서 받으신 세례, 그리고 그리스도의 변모에 분명히 나타나는 삼중적 형태는 성찬의 절정의 순간인 성령을 희구하는 기도에서도 분명히 나타난다. 사제는 성부께 성 요한 크리소스톰의 성찬기도를 드린다:

우리가 온당하고 피 흘림 없는 이 예배를 주께 드리며,
주의 이름을 부르고, 주께 기도하며 간구하나이다.
우리와 이 예물 위에 주의 성신을 보내시어,
이 빵이 주 그리스도의 고귀한 몸이 되게 하소서. 아멘.
또한 이 잔에 들어 있는 것이 주 그리스도의 고귀한 피가 되게 하소서. 아멘.
당신의 성신으로 이 변화가 이루어지이다. 아멘. 아멘. 아멘.

정교회의 찬양송에서

수태고지("성모희보") 때와 마찬가지로 성찬예배 시 이루어지는 그리스도의 화육의 연장 때에도 성부께서는 성령을 보내 주시어 봉헌된 빵과

---

13) Exaposteilarion for August: *The Festal Menaion*, p. 495.

포도주를 당신 아들의 거룩한 몸과 거룩한 피로 변하게 하신다. 여기에서도 성삼위는 함께 역사하신다.

삼위일체께 기도함

성찬 때에 성령 강림을 희구하여 드리는 기도 안에 삼중적 구조가 존재하듯이, 교회의 거의 모든 기도에 삼중적 구조가 존재한다. 정교회에서 매일 아침저녁으로 드리는 기도의 첫머리에 등장하는 기원에는 확실한 삼위일체의 정신이 들어 있다. 이 기도문들은 아주 친숙하며 또 빈번하게 사용되므로, 성삼위께 영광을 돌린다는 참된 특성을 간과하기 쉽다. 십자성호를 그으면서 "성부와 성자와 성령의 이름으로"라고 말할 때 우리는 삼위일체이신 하나님에 대한 믿음을 고백한다. 그러므로 매일 아침 하루를 시작할 때 우리는 하루를 성삼위일체의 보호에 맡긴다. 그 다음에 "우리의 희망이신 하느님이시여, 당신께 영광을 드리나이다"(정교회 찬양송에서: 역자 주)라고 하는데, 이렇게 함으로써 기쁨과 감사와 찬양으로 하루를 시작하게 된다. 그 다음에는 성령께 "하늘의 임금이시여, 위로자시여…"라고 기도하고, 다음과 같이 세 번 반복한다:

거룩하신 하나님이시여
거룩하고 전능하신 이여
거룩하고 영원하신 이여

우리를 불쌍히 여기소서.

정교회 찬양송에서

이렇게 "거룩"을 세 번 반복하는 것은 이사야가 환상 중에 본 스랍들이 "거룩하다, 거룩하다, 거룩하다"라고 부른 찬양송(사 6:3), 그리고 요한계시록에서 네 생물이 부른 찬양송(계 4:8)을 상기시켜 준다. 이렇게 "거룩"을 세 번 반복하는 것은 영원하신 삼위에게 기원하는 것이다. 우리가 매일 드리는 기도에서는 그 다음에 모든 기도에서 가장 빈번하게 등장하는 구절인 "영광이 성부와 성자와 성령께 이제와 항상 또 영원히 있나이다. 아멘"이라는 말이 이어진다. 여기에서 우리는 멸시를 발생시키는 친숙함을 허용해서는 안 된다. 이 구절을 사용할 때마다, 성삼위일체께 영광을 돌린다는 참된 의미를 상기해야 한다. 찬양송(Gloria) 뒤에는 삼위에게 드리는 또 다른 기도가 이어진다:

지극히 거룩하신 삼위일체여, 우리를 불쌍히 여기소서.
주여, 우리의 죄를 사해 주소서.
주여, 우리의 잘못을 용서해 주소서.
거룩하신 이여,
오셔서 당신의 이름으로 병들고 약한 우리를 낫게 해주소서.

이렇게 우리의 매일의 기도는 계속된다. 각 단계에는 암암리에 혹은 명백하게 삼중적 구조, 즉 삼위 안에 계신 한 분 하나님을 선포하는 구조가 존재한다. 우리는 삼위일체를 생각하고, 삼위일체를 말하고, 삼위일체를 호흡한다.

정교회에서 가장 사랑받는 간단한 기도인 예수기도(Jesus Prayer), 일할 때나 고요한 시간에 사용하는 "화살기도"(arrow prayer)도 역시 삼위일체의 차원을 소유한다. 예수기도의 일반적인 형태는 다음과 같다:

주 예수 그리스도 하나님의 아들이시여,
이 죄인을 불쌍히 여기소서.

이 기도는 외적 형태에 있어서는 삼위일체 중 제2위이신 주 예수 그리스도께 드리는 기도이다. 그러나 비록 이름이 거론되지는 않지만 나머지 두 위격도 임재하고 있다. 왜냐하면 예수를 "하나님의 아들"이라고 부름으로써 그분의 아버지를 가리키기 때문이다. 그리고 "성령으로 아니하고는 누구든지 예수를 주시라 할 수" 없으므로(고전 12:3), 우리 기도에는 성령도 포함된다. 예수기도는 그리스도만 아니라 삼위일체께 중심을 두는 기도이다.

삼위일체 믿음의 생활화(Living the Trinity)

"기도는 행동이다"(티토 콜리안데).[14] "순수한 기도란 무엇인가? 말은 간단하지만 행동은 풍부한 기도이다. 만일 그대의 행동이 청원을 능가

하지 못한다면 그대의 기도는 말에 불과하며, 그 안에 행동이라는 씨앗이 들어 있지 못하다"(사막 교부들의 금언).[15]

만일 우리가 기도를 행동으로 옮겨야 한다면, 기도에 활기를 불어넣어주는 삼위일체의 믿음 역시 우리의 일상생활에 나타나야 한다. 우리는 성찬예배 때에 신조를 낭송하기 직전에 다음과 같이 기도한다.

서로 사랑하고 한 마음으로 믿고 고백합시다.
(그리하여) 일체이시고 나누이지 아니하시는 삼위 성부와 성자와 성신을 믿나이다.

정교회 찬양송에서

여기에서 "그리하여"에 유의해야 한다. 삼위일체를 닮아 서로에게 사랑을 나타내는 사람들만이 삼위 하나님에 대한 진정한 믿음의 고백을 할 수 있다. 우리가 서로에게 나타내는 사랑과 삼위일체에 대한 믿음 사이에는 밀접한 관계가 있다. 전자는 후자의 전제조건이며, 후자는 전자에게 완전한 힘과 의미를 제공한다.

그러므로 삼위일체의 교리는 결코 전문가들만이 관심을 갖는 난해한 신학 연구의 일부로 취급되어서는 안 되며, 우리의 일상생활에 혁명적인 영향을 미치는 것으로 간주되어야 한다. 인간은 삼위 하나님의 형상

---

14) Tito Colliander, *The Way of the Ascetics* (Hodder & Stoughton, London, 1960), p. 71.
15) *The Sayings of the Desert Fathers*, tr. Ernst A. Wallis Budge, *The Paradise or Garden of the Holy Fathers*, vol. ii (Chatto & Windus, London, 1907), p. 331.

을 따라 지음을 받았으므로, 하늘에서 삼위가 영위하는 상호 간의 사랑의 신비를 세상에 재현하라는 소명을 받고 있다. 중세 시대 러시아 사람 라도네즈의 세르기우스(St. Sergius of Radonezh)는 자기가 새로 세운 수도원을 성삼위일체께 헌정했다. 왜냐하면 그는 수도사들이 날마다 거룩한 삼위들 사이에서 이루어지는 사랑과 동일한 사랑을 서로에게 나타내기를 원했기 때문이다. 이것은 수도사들뿐만 아니라 모든 사람들의 소명이다. 각각의 사회적 단위들—가정, 학교, 직장, 교구, 보편 교회—은 삼위일체를 나타내는 상징이 되어야 한다.

우리는 하나님이 삼위일체이심을 알기 때문에, 각기 상대방을 위해서 그리고 상대방 안에서 희생적인 삶에 헌신한다. 우리 각 사람은 실질적인 봉사, 적극적인 긍휼의 삶에 헌신한다. 삼위일체에 대한 믿음 때문에, 우리는 지극히 개인적인 차원에서부터 고도로 조직화된 차원에 이르기까지 모든 차원에서 온갖 형태의 학대와 불의와 착취에 대적하여 싸워야 할 의무를 가진다. 사회 정의와 인권을 위한 싸움에서, 우리는 특별히 성삼위일체의 이름으로 행동한다.

"그리스도교의 가장 완벽한 규칙, 정확한 정의, 절정은 모든 사람에게 유익한 것을 추구하는 것이다"라고 성 요한 크리소스톰은 말한다. "…사람이 이웃의 구원을 위해서 일하지 않고서도 구원받을 수 있다고 믿을 수는 없다." 이것이 삼위일체의 교리가 지닌 실질적인 함의이다. 이것이 삼위일체의 삶을 산다는 것이 의미하는 바이다.

우리는 세 분 하나님이 아니라 한 분 하느님을 찬양합니다.

참된 세 위격께 존귀를 돌립니다.

잉태되시지 않은 아버지

아버지로부터 태어나신 아들,

아버지에게서 발현하시는 성령,

셋 안에 계신 한 분 하느님:

우리는 믿음과 영광으로 각 위에게 하느님이라는 칭호를 돌려드립니다.[16]

사순절 Triodion 중에서

오라, 모든 민족들이여. 삼위 안에 계신 한 분 하느님을 예배합시다.

아들은 성부 안에서 성령과 함께 계십니다.

아버지께서 시간에서 벗어나서 영원하신 아들을 낳으셨으며, 그와 함께 경배를 받으셨습니다.

성령은 아들과 함께 아버지 안에서 영광을 받으십니다.

우리 모두 하나의 능력, 하나의 본질, 하나의 신성을 예배하며, 그 분께 말합니다

성령의 협력에 의해서 성자를 통해서 만물을 지으신 거룩하신 하느님, 거룩하고 깅하신 분, 우리는 그분을 통해서 아버지를 압니다.

---

16) *The Lenten Triodion*, p. 326.

성령은 아버지를 통해서 이 세상에 와서 그 안에 거하셨습니다.

거룩하고 불멸하시는 보혜사 성령이여,

성부로부터 발현하여 성자에게 거하고 계십니다.

성삼위일체께 영광을 돌립니다.[17]

오순절에 드리는 저녁기도 중에서

나는 삼위 안에 있는 통일체이신 하느님을 찬양합니다.

아버지가 빛이시므로

아들이 빛이시며

성령도 빛이십니다.

빛은 나누이지 않으며

하나의 본질 안에서, 그러나 각 위격의 빛 안에서 빛을 발합니다.[18]

사순절 Triodion에서

사랑은 주께서 제자들에게 신비하게 약속하신 나라입니다. 주님은 제자들이 그의 나라에서 먹게 될 것이라고 말씀하셨습니다: "너희로 내 나라에 있어 내 상에서 먹고 마시며"(눅 22:30). 그들이 먹고 마시는 것이 사랑이 아니고 무엇이겠습니까?

우리가 사랑에 도착하면, 우리는 하느님께 이르며 우리의 여행은 끝이 납니다. 우리는 이 세상 저편에 있는 섬으로 건너갑니다. 그곳에는 아

---

17) *The Penetecostarion*, tr. Holy Transfuguration Monastery(Boston, 1990), p. 404.
18) *The Lenten Triodion*, p. 326.

버지와 아들과 성령이 계십니다. 그분께 영광과 통치를 돌립니다. 하느님이여, 우리로 당신을 경외하고 사랑하기에 합당한 자가 되게 해 주십시오. 아멘.[19]

시리아인 성 이삭(St. Issac the Syrian)

아무리 노력해도 "서로 사랑하라"는 말씀보다 더 위대한 말을 만들 수 없음을 발견합니다. 그 때에 혐오스럽고 짐이 될 수밖에 없던 것들이 정당화되고 삶이 조명됩니다.[20]

Mother Maria of Paris

마음은 청결해질수록, 그만큼 더 커진다.[21]

크론스타트의 존(St. John of Kronstadt)

영광의 보좌 가장자리에서부터 지극히 하찮은 피조물의 미미한 그림자에 이르기까지 다스리시는 진리가 있습니다. 그 진리는 사랑입니다. 사랑은 거룩한 은혜의 시냇물이 하나님의 도성에서부터 끊임없이 흘러내려 땅에 물을 대어 열매를 맺게 해주는 근원입니다. "깊은 바다가 서로

---

19) St. Isaac the Syrian, *Ascetical Homilies* 46 (43), tr. Holy Transfiguration Monastery (Boston, 1984), pp. 224-5.

20) Mother Maria of Paris: in Sergei Hackel, *One, of Great Price: The Life of Mother Maria Skobtsova, Martyr of Raven brück* (Darton, Longman & Todd, London, 1965), p. 4.

21) St. John of Kronstadt: in W. Jardine Grisbrooke (ed.), *Spiritual Counsels of Fr John of Kronstadt* (James Clarke, London, 1967), p. 183.

부르며"(시 42:7). 마치 깊은 바다나 심연처럼 무한한 사랑은 우리가 신성의 두려운 모습을 자신에게 묘사하는 일을 도와줍니다. 사랑은 만물을 조성하며 그것들이 통일을 이루게 해줍니다. 사랑은 생명과 따뜻함을 주며, 영감을 주고 인도해 줍니다. 사랑은 피조물에게 새겨진 봉인, 창조주의 서명입니다. 사랑은 하나님 솜씨의 설명입니다.

어떻게 해야 그리스도께서 우리 마음에 와서 거하실까요? 사랑이 아니고 다른 방법이 있을까요?[22]

디오니시오우의 테오클리토스

우리는 자기 몸보다 동료의 몸을 더 조심스럽게 다루어야 합니다. 그리스도교의 사랑은 형제에게 영적인 선물만 아니라 물질적인 선물도 주라고 가르칩니다. 우리는 마지막 옷, 마지막 빵까지도 형제에게 주어야 합니다. 개인적인 구제와 폭넓은 사회 사역이 동등하게 정당하고 필요합니다.

하나님께 이르기 위해서는 사람들을 사랑하는 것을 통하는 것 외에 다른 길이 없습니다. 최후의 심판 때에 수덕 훈련에 성공했는지, 혹은 기도할 때에 몇 번 부복했는지를 나에게 질문하시지 않을 것입니다. 굶주린 자에게 먹을 것을 주었는지, 헐벗은 자에게 입을 것을 주었는지, 병든 자와 갇힌 자를 심방했는지를 물으실 것입니다.[23]

Mother Maria of Paris

---

22) Fr Theoklitos of Dionysiou, *Between Heaven and Earth* (in Greek) (Aster, Athens, 1956), p. 83.

오, 지고한 존재이신 삼위일체시여,

오, 시작이 없는 통일체시여,

당신 앞에서 천군 천사들이 두려워 떨며 찬양송합니다.

지극히 거룩하신 삼위일체시여,

하늘과 땅과 깊은 바다가 당신을 경외하여 섭니다.

사람들은 당신을 찬미하오며

불이 당신의 종입니다.

지으신 만물이 경외함으로 당신께 복종합니다.[24]

축일 미네온 조과(Mattins of 8 September)에서

---

23) Mother Maria of Paris: in Hackell, *One, of Great Price*, pp. 13, 29.
24) *The Festal Menaion*, p. 122.

제3장

창조주 하나님

그 시대의 현자들 중 한 사람이 사막으로 성 안토니를 찾아와서 이렇게 말했다: "아버지여, 책으로부터 얻는 위안을 박탈당한 채 어떻게 이곳에서 생활하실 수 있습니까?" 안토니는 "철학자여, 피조된 사물들의 본질이 나의 책입니다. 나는 원할 때마다 하나님의 솜씨 안에서 그것을 읽을 수 있습니다"라고 대답했다.[1)]

폰투스의 에바그리우스

그대 자신 안에 작은 규모이기는 하지만 두 번째 우주를 소유하고 있음을 깨달으라. 그대 안에 태양이 있고, 달이 있고, 별들도 있다.[2)]

오리겐

하늘을 바라보라

영화 배우 릴라 맥카티(Lillah McCarthy)는 남편에게서 버림을 받은 직

---

1) Evagrius of Pontus, *Praktikos* 92, ed. André and Claire Guillaumont (Sources chrétiennes 171: Paris, 1971), p. 694, tr. John Eudes Bamberger (Cistercian Studies Series 4: Cistercian Publications, Spencer, Mass., 1970), p. 39.

2) Origen, *Homilies on Leviticus* v, 2, ed. W. A. Baehrens, Die Griechschen Christlichen Schriftsteller, vol. 29 (Leipzig, 1930), p. 336.

후에 비탄에 잠겨 조지 버나드 쇼(George Bernard Shaw)를 만났던 일을 다음과 같이 묘사한다:

> 나는 벌벌 떨고 있었습니다. 쇼는 말없이 앉아 있었습니다. 난롯가는 따뜻했습니다.…그렇게 얼마 동안 앉아 있었는지 모르겠습니다. 정신을 차려 보니 나는 쇼와 나란히 서서 아델피 트러스 거리를 왔다갔다 하고 있었습니다. 나를 짓누르고 있던 무거운 짐은 점점 가벼워졌고, 눈물이 하염없이 흘러내렸습니다. 쇼는 내가 실컷 울도록 내버려두었습니다. 이윽고 나는 세상에서 가장 관대하고 부드러운 말을 들었습니다. 그는 "사랑하는 이여, 하늘을 쳐다보세요. 인생에는 그보다 훨씬 더 큰 일이 있답니다"라고 말했습니다.

쇼가 하나님에 대해 믿음을 가지고 있었든지 없었든지 간에, 여기에서 그는 영적 여행에서 가장 근본적인 것을 지적하고 있다. 그는 맥카티에게 부드럽게 위로의 말을 하지 않았으며, 또 그녀가 고통을 쉽게 견딜 수 있을 것이라고 주장한 것도 아니다. 그는 보다 통찰력 있는 행동을 했다. 그는 맥카티에게 잠시 자신을 벗어나라고, 그녀의 비극에서 벗어나 객관적인 세상을 바라보라고, 세상의 경이로움과 다양성을 바라보라고 말했다. 쇼의 충고는 우리 모두에게 적용된다. 아무리 나 자신이나 다른 사람의 고통에 짓눌려 있어도 세상에는 그 이상의 것, 그보다 훨씬 더 중요한 것이 있다는 사실을 망각해서는 안 된다.

크론스타트의 요한(St. John of Kronstadt) 성인은 "기도는 계속되는 감사의 상태이다"[3]라고 말했다. 만일 내가 하나님이 창조하신 세상에서 기쁨을 느끼지 못한다면, 만일 감사함으로 하나님께 세상을 돌려 드리는 것을 망각한다, 나의 영적 여행은 진보하지 못할 것이다. 나는 진실로 인간적이 되는 법을 아직 배우지 못했기 때문이다. 나는 감사를 통해서만 나 자신이 될 수 있기 때문이다. 도피적이거나 감상적인 것이 아닌 기쁨의 감사는 철저한 현실주의와는 반대가 되지만, 하나님 안에서 세상을 하나님의 창조로 보는 사람의 현실주의와는 어깨를 나란히 한다.

다이아몬드 다리

"당신께서는 무에서부터 우리를 존재하게 하셨습니다."

요한 크리소스톰의 성찬기도문

하나님이 지으신 세상과 하나님의 관계를 어떻게 이해해야 할까? "무에서부터"(ex nihilo)라는 말은 무엇을 의미하는가? 도대체 왜 하나님은 창조하셨는가?

"무에서부터"라는 말은 우선적으로 하나님께서 자신의 자유의지에 따른 행동에 의해서 우주를 창조하셨음을 의미한다. 하나님은 어떤 강압 때문에 세상을 지으신 것이 아니라, 그렇게 하기로 선택하셨기 때문

---

3) St. John of Kronstadt: in Grisbrooke, *Spiritual Counsels*, p. 27.

에 세상을 지으셨다. 세상은 아무런 의도도 없이, 혹은 필연적으로 창조된 것이 아니다. 세상은 하나님으로부터의 자동적인 방사나 넘쳐흐름이 아니라, 하나님의 선택에 따른 결과이다.

만일 하나님으로 하여금 세상을 창조하시도록 강요한 것이 전혀 없다면, 왜 하나님은 창조하기로 결정하셨을까? 이러한 질문이 대답을 허용하는 한, 우리는 대답을 해야 한다. 하나님이 세상을 창조하신 동기는 사랑이다. 하나님께서 무에서부터 우주를 창조하셨다고 말하기보다는 하나님 자신, 즉 사랑에서부터 우주를 창조하셨다고 말해야 한다. 우리는 하나님을 제조업자나 기술자로 생각하지 말고 사랑의 하나님으로 생각해야 한다. 창조는 하나님의 자유의지에 따른 행동이라기보다 값없이 행해지는 사랑의 행위이다. 삼위일체의 교리가 분명히 보여 주는 것처럼, 사랑한다는 것은 상대방에게 나누어 주는 것을 의미한다. 하나님은 단순히 한 분이 아니라 삼위일체이신 한 분이다. 하나님은 서로 사랑에 동참하는 위격들의 교제이시다. 그러나 하나님의 사랑의 원은 폐쇄적인 것이 아니다. 하나님의 사랑은 문자 그대로 "몰아적"(ecstatic) 사랑, 즉 하나님으로 하여금 자신에게서 나와 자신이 아닌 사물들을 창조하시게 만드는 사랑이다. 하나님은 하나님 자신 외에 다른 존재들이 하나님의 사랑과 생명에 참여하도록 하기 위해서, 자발적인 선택에 의해 몰아적인 사랑 안에서 세상을 창조하셨다.

하나님은 결코 어떤 강요 때문에 창조하신 것이 아니다. 이것은 하나님의 창조의 행위 안에 우연적이거나 불합리한 것이 존재했다는 의미가 아니다. 하나님이 행하시는 모든 것이 하나님이며, 그렇기 때문에 창조하시는 하나님의 행동은 하나님으로부터 분리된 것이 아니다. 우리 각 사람은 항상 하나님의 마음 안에, 그리고 하나님의 사랑 안에 존재해 왔다. 영원 전부터 하나님은 우리 각 사람을 하나님의 정신 안에 있는 하나의 개념이나 사상으로 보셨고, 영원 전부터 우리 각 사람을 위한 특별하고 독특한 계획을 가지고 계셨다. 우리는 항상 하나님을 위해 존재해 왔다. 어떤 시점에서 우리가 자신을 위해서도 존재하기 시작했다는 것이 바로 창조의 의미이다.

하나님의 자유의지와 값없이 주어지는 사랑의 결과인 세상은 필연적인 것이 아니며 자족한 것도 아니다. 그것은 우연적이며 의존적인 것이다. 피조된 존재인 우리는 결코 홀로 존재할 수 없다. 하나님이 우리 존재의 핵심이 되지 않으면, 우리는 존재하지 못한다. 우리의 순간순간의 생존은 하나님의 사랑의 뜻에 의존한다. 우리의 생존은 하나님으로부터 주어지는 선물, 하나님 사랑의 값없는 선물이다. 하나님은 결코 그것을 다시 거두어 가시지 않지만, 우리가 자신의 능력에 의해서 그것을 소유하는 것은 아니다. 하나님은 홀로 하나님의 존재의 원인이시요 근원이시다. 모든 피조물의 원인과 근원은 그들 자신이 아닌 하나님 안에 있다. 하나님의 근원은 하나님이시다. 모든 피조물의 근원은 하나님이시며, 하나님 안에서 그 기원과 성취를 발견한다. 하나님만이 명사이시며, 모든 피조물은 형용사이다.

하나님을 세상의 창조주라고 말하는 것은 단순히 하나님께서 "태초에" 최초의 행동에 의해서 사물을 움직이게 하셨고, 그 다음에는 사물들이 스스로 기능을 발휘했다는 의미가 아니다. 하나님은 시계의 태엽을 감은 후에는 저절로 째깍거리도록 내버려두시는 우주의 시계 제조자가 아니시다. 창조는 지속적인 것이다. 창조에 대해서 정확하게 말하려 한다면, 과거 시제를 사용해서는 안 되며 현재형을 사용해야 한다. 우리는 "하나님께서 세상을 만드셨고, 그 안에서 나를 만드셨다"고 말해서는 안 되며, "하나님은 지금 여기에서, 이 순간에, 그리고 항상 세상을 만들고 계시며, 그 안에서 나를 만들고 계시다"라고 말해야 한다. 창조는 과거에 있었던 사건이 아니라 현재에 이루어지는 관계이다. 하나님께서 매 순간 계속 창조적 의지를 발휘하지 않으셨다면, 우주는 즉시 소멸하여 무(無)가 되었을 것이다. 하나님께서 원치 않으시면, 사물은 한 순간도 존재할 수 없다. 모스크바의 총대주교 필라렛(Philaret)의 표현을 빌리자면, "모든 피조물은 마치 금강석으로 만든 다리 위에서처럼 하나님의 창조의 말씀 위에서 균형을 유지하고 있다. 그들 위에는 하나님의 무한이라는 심연이 있고, 밑에는 그들 자신의 무(無)라는 심연이 놓여 있다."[4] 이것은 사탄과 지옥에 있는 타락한 천사들에게도 적용된다. 그들의 존재 역시 하나님의 의지에 의존하고 있다.

그러므로 창조 교리의 목적은 세상에 연대순의 출발점을 부여하려는 것이 아니라, 현재 이 순간에 세상의 생존이 하나님을 의존하고 있다고 주장하는 데 있다. 창세기에 "태초에 하나님이 천지를 창조하시니라"(창 1:1)고 했는데, 여기에서 "태초"를 세속적인 의미로 다루어서는 안 되며, 하나님은 만물의 항존하는 원인이시요 지탱해 주시는 분이라는 의미로

---

4) Metropolitan Philaret of Moskow: in Vladimir Lossky, *The Mystical Theology of the Eastern Church* (St. Vladimir's Seminary Press, New York, 1976), p. 92.

간주해야 한다.

그러므로 창조주 하나님은 항상 각각의 사물의 중심에 계시며, 그 존재를 지탱해 주신다. 우리는 과학적인 탐구의 차원에서, 원인과 결과라는 과정을 식별한다. 영적인 차원-이 차원은 과학에 어긋나는 것이 아니라 그 너머의 것을 본다-에서, 우리는 도처에서 하나님의 창조적 에너지들이 존재하는 모든 것을 지탱하며 만물의 가장 깊은 곳에 있는 본질을 형성하는 것을 식별한다. 그러나 하나님은 세상 모든 곳에 임재해 계시지만 세상과 동일시되어서는 안 된다. 그리스도교인들은 범신론이 아니라 만유재신론(panentheism)을 주장한다. 하나님은 만물 안에 계시지만, 동시에 만물 위에 계시고 만물을 초월하여 계시다. 하나님은 "위대한 것보다 더 위대하시며" 동시에 "작은 것보다 더 작으시다." 팔라마스의 그레고리(St. Gregory of Palamas)는 "그분은 도처에 계시며 동시에 어디에도 계시지 않다. 그분은 모든 것인 동시에 무이시다"[5]라고 말했다. 뉴 클레르보의 어느 수도사는 "하나님은 중심(core)에 계시다. 하나님은 중심이 아니시다. 하나님은 중심 안에 계시며, 중심을 관통하시며, 중심을 초월하시며, 중심보다 더 중심에 가까이 계시다"[6]라고 말했다.

"하나님이 지으신 그 모든 것을 보시니 보시기에 심히 좋았더라"(창 1:31). 창조는 완전히 하나님의 솜씨이다. 모든 피조물은 그 내적 본질에 있어서 "지극히 선하다." 그리스도교에서는 여러 형태의 이원론을 거부

---

5) St. Gregory of Palamas, *On the Divine Energies* 2, ed. P. K. Christou and G. I. Mantzarides, in *Palamas, Syngrammata*, vol. 2 (Thessalonica, 1966), p. 97.

6) A Monk of New Clairvaux, *Don't You Belong to Me?* (Paulist Press, New York, 1979), p. 9.

한다: 악의 존재를 제2의 능력으로서 사랑의 하나님과 함께 영원한 것으로 간주하는 마니교의 급진적 이원론, 인간의 육체를 포함하여 물질계의 질서는 우주 이전 시대의 타락의 결과로 존재하게 된 것이라고 간주하는 영지주의적인 발렌티누스파의 이원론, 그리고 물질은 악한 것이 아니라 비실재라고 간주하는 플라톤주의자들의 보다 교묘한 이원론 등.

온갖 형태의 이원론에 맞서서, 그리스도교에서는 "최고선"(*summum bonum*)-즉 하나님 자신-은 존재하지만 *summun malum*(최고악)은 존재하지 않으며 존재할 수도 없다고 주장한다. 악은 하나님과 함께 영원한 것이 아니다. 태초에는 하나님만이 계셨다. 하늘에 있는 것이나 땅에 있는 것, 영적인 것이나 물질적인 것이나 존재하는 모든 것은 하나님이 지으신 것이며, 따라서 그것들은 기본적으로 선하다.

그렇다면 악에 대해서는 무엇이라고 말해야 하는가? 모든 피조물은 본질적으로 선하므로, 죄나 악 자체는 하나의 "물"(thing), 생존하는 존재나 실체가 아니다. 노리지의 줄리안은 『계시』(*Revelations*)에서 "나는 죄를 보지 않았다. 그러므로 나는 죄가 어떤 종류의 실체를 소유하지 않으며 존재에 참여하지 않는다고, 그리고 그것은 그 자체에 의해서 야기되는 고통에 의해서만 식별될 수 있다고 믿는다"[7]라고 말했다. 성 어거스틴은 "죄는 무(無)이다"[8]라고 말했다. 에바그리우스는 "엄격한 의미에서 악은 하나의 실체가 아니라 선의 부재이다. 그것은 어둠이 빛의 부재인 것과 같다"[9]라고 말했다. 닛사의 그레고리는 "죄는 본질상 자유의

---

7) Julian of Norwich, *Revelations of Divine Love,* chap. 27, ed. Hudleston, p. 49.
8) St. Augustine, *Tractates on the Gospel of St John* i, 13.

지와 분리하여 존재하는 것이 아니다. 그것은 본질상 하나의 실체가 아니다"[10]라고 말했다. 참회자 막시무스(Maximus the Confessor)는 "귀신도 본질상 악한 것이 아니라 자기들의 본성적인 능력을 잘못 사용했기 때문에 악하게 되었다"[11]라고 말했다. 악은 항상 기생한다. 그것은 본질상 선한 것의 왜곡 또는 잘못된 적용이다. 악은 사물 자체 안에 거주하는 것이 아니라 사물을 향한 우리의 태도, 즉 우리의 의지 안에 거주한다.

악을 "무"(無)라고 칭하는 것은 악의 강력함과 세력을 과소평가하는 것처럼 보일 수도 있다. C. S. 루이스가 평한 것처럼, 무는 대단히 강하다.[12] 악은 선의 왜곡이며, 따라서 궁극적으로 하나의 망상이요 실재하지 않는다고 말하는 것이 우리를 지배하는 악의 강력한 힘을 부인하는 것은 아니다. 창조 세계 안에서 자의식과 거룩한 지성을 부여받는 존재의 자유의지보다 더 강력한 힘은 없으며, 따라서 이러한 자유의지의 오용은 매우 두려운 결과를 낳을 수도 있다.

인간: 몸과 영과 혼

하나님의 창조 세계에서 인간은 어떤 위치를 차지하는가?

---

9) Evagrius of Pontus, *PG* 40: 1276D.
10) St. Gregory of Nyssa, *On Virginity,* xii, 2, ed. Aubineau, p. 404, tr. Daniélou and Musurillo, *From Glory to Glory,* p. 113.
11) St. Maximus the Confessor, *On Love,* iii, 5, tr. Palmer, Sherrard and Ware, *The Philokalia,* vol. ii, p. 84.
12) C. S. Lewis, *The Screwtape Letters* (Geoffrey Bles, London, 1942), p. 64.

"너희의 온 영과 혼과 몸이 우리 주 예수 그리스도께서 강림하실 때에 흠 없게 보전되기를 원하노라"(살전 5:23).

이 말씀에서 사도 바울은 인간을 구성하는 세 가지 요소를 언급한다. 이 세 요소는 독특하면서도 완전히 상호 의존적이다. 인간은 분리 가능한 여러 부분의 통합체가 아니라 완전한 통일체이다.

첫째, 몸. "흙"(창 2:7), 인간 본성 중 물질적인 혹은 육체적인 면이 있다.

둘째, 혼(soul). 몸에 생기와 활력을 주어 단순한 물질 덩어리가 아니라 성장하고 움직이며 감각하고 감지하는 것으로 만들어 주는 생명력이 있다. 동물에게도 혼이 있고, 식물에게도 혼이 있다. 그러나 인간의 혼에게는 의식이 부여되어 있다. 그것은 추상적인 사고 능력, 사변적 논증에 의해서 전제들로부터 결론으로 나아갈 수 있는 능력을 소유한 이성적인 혼이다. 이러한 능력은 동물에게는 없으며, 있다 해도 극히 제한적이다.

셋째, 영(spirit). 하나님의 생기가 있는데, 이것은 동물에게는 없는 것이다. 성령(Spirit)과 영(spirit)을 구분해야 한다. 인간의 피조된 영과 피조된 것이 아닌 하나님의 성령, 즉 삼위일체의 제3위를 동등시해서는 안 된다. 그러나 이 둘은 밀접하게 연결되어 있다. 왜냐하면 인간은 영을 통해서 하나님을 이해하며 그분과의 교제에 들어가기 때문이다.

인간은 혼(*psyche*)을 가지고서 과학적이고 철학적인 탐구를 하며, 추론적 이성에 의해서 감각-경험 자료들을 분석한다. 때로 *nous* 또는 영적 지성이라고 지칭되는 영(*pneuma*)으로써 하나님에 대한 진리, 혹은 피조물의 내적 본질들(logoi)에 대한 진리를 이해한다. 연역적인 추론이 아닌 영적 감각-시리아인 이삭이 "단순한 인식"이라고 부른 직관에 의해서 그것을 깨닫는다. 이처럼 영 혹은 영적 지성은 인간의 추리 능력과 심미적인 감정들과는 구분되며, 그것들보다 우월하다.

인간은 이성적인 영과 영적인 지성을 가지고 있기 때문에 자발적인 결정 능력과 도덕적 자유, 다시 말해서 선과 악을 분별하고 선택하는 능력을 소유한다. 동물들은 본능에 의해서 행동하지만, 인간은 자유롭고 의식적인 결정을 내릴 수 있다.

교부들은 이따금 삼중 구조가 아니라 이중 구조를 택하여, 인간을 몸과 혼의 통일체로 묘사하기도 한다. 그런 경우 그들은 영 혹은 지성을 혼의 최고의 측면으로 취급한다. 그러나 몸과 혼과 영이라는 삼중 구조가 더 정확하고 더 많은 진리를 조명해 준다. 특히 종종 영과 혼이 혼동되며 많은 사람들이 자신이 영적 지성을 소유하고 있음을 의식하지 못하는 이 시대에 그러하다. 현대 서방 세계의 문화와 교육 체계는 대체로 이성적인 두뇌 훈련에 기초를 두고 있으며, 심미적 정서에는 그리 큰 비중을 두지 않는다. 우리는 대체로 자신이 두뇌와 의지, 감각과 느낌일 뿐만 아니라 영이라는 사실을 망각한다. 현대인은 대체로 자신의 가장 참되고 지고한 면과 접촉하지 못하고 있는데, 이러한 내적 소외의 결과를 안절부절못함, 정체성의 결여, 그리고 소망의 상실 등에서 찾아볼 수 있다.

소우주와 중재자

몸과 영과 혼의 삼위일체인 인간은 피조 질서 안에서 독특한 지위를 차지한다.

정교회의 세계관에 따르면, 하나님은 피조물들로 두 개의 차원을 형성하셨다. 첫째는 "순수 지성적"(*noetic*), "영적"(*spiritual*), 또는 "지성적"(*intellectual*) 차원이다. 둘째는 물질적 혹은 육적인 차원이다. 첫째 차원에서 하나님은 천사들을 지으셨는데, 그들은 유형적인 몸을 소유하지 않는다. 둘째 차원에서는 물리적 우주—다양한 형태의 광물과 생물과 동물을 지닌 은하계와 별과 행성을 지으셨다. 인간만이 동시에 두 차원에서 생존할 수 있다. 인간은 영 혹은 영적 지성을 통해서 순수지성적인 영역에 참여하며 천사들의 동료가 된다. 인간은 몸과 혼을 통해서 움직이고 느끼고 생각하며, 먹고 마시며, 음식을 에너지로 전환하며, 물질계에 유기적으로 참여하는데, 물질계는 그의 내면에서 그의 감각-지각을 통과해 간다.

이처럼 인간의 본성은 천사들의 본성보다 더 복합적이며, 보다 풍성한 잠재력이 부여되어 있다. 이러한 관점에서 보면, 인간은 천사들보다 높은 존재이다. 바벨론의 탈무드에서는 "의인들은 섬기는 천사들보다 위대하다"고 했다(산헤드린 93a). 인간은 하나님의 창조의 중심에 서 있다. 인간은 순수지성적 영역과 물질적인 영역에 참여하므로 창조의 거울, *imago mundi*, 작은 우주, 소우주이다. 모든 피조물은 각기 그 내면에 만나는 장소를 소유한다. 카틀린 라이네(Kathleen Raine)의 말로 인간

은 자신에 대해서 표현할 수 있을 것이다:

> 내가 사랑하기 때문에
>
> 태양은 살아 있는 황금빛을 퍼부으며
>
> 금과 은을 바다에 쏟아 붓습니다.
>
> 내가 사랑하기 때문에
>
> 고비는 파랗게 자라며, 풀이 파랗게 되고 희망에 찬 투명한 나무들이 파랗게 물듭니다.
>
> 내가 사랑하기 때문에
>
> 밤새도록 강은 내 잠 속으로 흘러 들어옵니다.
>
> 만 개의 살아 있는 사물들이 내 팔에서 잠이 듭니다.
>
> 잠의 물결과 흐름이 휴식합니다.[13]

소우주인 인간은 중재자이기도 하다. 지적 영역과 물질적 영역을 화해시키고 조화시키고 일치시키는 것, 물질적인 것을 신령하게 만드는 것, 그리고 피조된 질서의 모든 잠재 능력을 드러내는 것이 하나님이 인간에게 주신 과업이다. 유대교의 하시딤에서 표현한 것처럼, 인간은 "한 단계씩 전진하여 마침내 그를 통하여 만물을 통합하라"[14]는 소명을 받고 있다. 인간은 소우주이므로, 그의 안에는 세상이 요약되어 있다.

---

13) Kathleen Raine, *The Year One* (Hamish Hasmilton, London, 1952), pp. 24-25.

14) Martin Buber, *Tales of the Hasidim: The Early Masters* (Schocken Books, New York, 1968), p. 275.

인간은 중재자이므로, 그를 통해서 세상이 하나님께 다시 바쳐진다.

인간은 근본적으로, 그리고 본질적으로 하나의 통일체이기 때문에 이 중재의 역할을 행할 수 있다. 만일 그리스 철학자나 인도 철학자들이 생각하는 것처럼 인간이란 일시적으로 몸 안에 거주하는 영에 불과하다면, 인간의 몸이 참된 자아의 일부가 아니라 궁극적으로 벗어버릴 옷에 불과하다면, 또는 그가 탈출하려고 노력하고 있는 감옥에 불과하다면 인간은 중재자의 역할을 제대로 행할 수 없을 것이다. 인간은 우선 자기 몸을 신령하게 만들어 하나님께 바침으로써 창조 세계를 신령하게 만든다. 사도 바울은 "너희 몸은 너희가 하나님께로부터 받은 바 너희 가운데 계신 성령의 전인 줄을 알지 못하느냐 너희는 너희 자신의 것이 아니라 값으로 산 것이 되었으니 그런즉 너희 몸으로 하나님께 영광을 돌리라"고 했다(고전 6:19-20; 롬 12:1). 그러나 몸을 "신령하게 함"으로써 몸을 비물질화하는 것은 아니다. 물질적인 것 안에서, 그리고 그것을 통해서 영적인 것을 드러내는 것이 인간의 소명이다. 이런 의미에서 그리스도교인들은 유일하게 참된 유물론자들이다.

그러므로 몸은 인간의 인격에 반드시 필요한 부분이다. 죽을 때에 인간의 몸과 영이 분리되는 것은 비자연적인 것, 하나님의 원래 계획에 반대되는 것, 타락으로 말미암은 결과이다. 그러나 그 분리는 일시적인 것에 불과하다. 우리는 죽음을 초월하여 마지막 날에 있을 궁극적인 부활, 몸과 영이 다시 결합되는 것을 바라본다.

모양과 형상

탈무드에 "인간은 하나님의 영광이다"라는 말이 있다(*Derech Eretx Zutta* 10,5). 이레내우스도 같은 말을 했다: "살아 있는 인간은 하나님의 영광이다."[15] 인간은 하나님의 창조의 중심이요 면류관이다. 우주에서 인간이 차지하는 특별한 지위는 무엇보다도 인간이 하나님의 "형상과 모양으로"(창 1:26) 만들어졌다는 사실에 의해서 지적된다. 인간은 하나님의 무한한 자아-표현의 유한한 표현이다.

그리스 교부들은 종종 몸과 영과 혼의 삼위일체로 간주되는 인간의 본성 전체와 인간 안에 있는 하나님의 형상(*image*, ikon)을 연결 짓는다. 또 그들은 형상을 특별히 인간의 가장 고귀한 면, 즉 인간의 영 또는 영적 지성과 연결하는데, 인간은 영을 통해서 신지식 및 하나님과의 연합을 획득한다고 여긴다. 근본적으로 인간 안에 있는 하나님의 형상이란 인간과 동물을 구분해 주며 인간으로 하여금 완전하고 참된 의미에서 하나의 인격-옳고 그른 것을 구분하는 도덕적 행위자, 내적 자유를 부여받는 영적인 주체-이 되게 해주는 모든 것을 의미한다.

자유 선택이라는 요소는 특히 하나님의 형상으로 지음 받은 인간을 이해하는 데 있어서 중요한 요소이다. 하나님이 자유하시므로, 인간 역시 자유하다. 그리고 각 사람은 자유롭기 때문에 자기 나름의 독특한 방식으로 자기 안에 있는 하나님의 형상을 인식한다. 인간은 서로 교환할

---

15) St. Irenaeus, *Against the Heresies* IV, xx, 7.

수 있는 계산대도 아니고, 교체가 가능한 기계의 부품도 아니다. 각 사람은 자유로운 존재이므로 반복될 수 없으며, 반복될 수 없는 존재이므로 무한히 귀중하다. 인간들은 양적으로 측정되어서는 안 된다. 우리에게는 특정 인물이 다른 사람보다 더 귀중하다거나, 열 사람은 한 사람보다 더 귀중하다고 생각할 권리가 없다. 그렇게 계산하는 것은 진정한 인격에 대한 도전이 된다. 각 사람은 다른 사람으로 교체될 수 없다. 그렇기 때문에 다른 목적을 위한 수단으로 간주되어서는 안 되며, 그 자신이 목적으로 취급되어야 한다. 각 사람은 객체가 아니라 주체로 간주되어야 한다. 만일 사람들이 따분해 하며 새로운 일을 전혀 하지 않는 것을 우리가 발견하게 된다면, 그 이유는 우리가 자기 자신이나 다른 사람들의 내면, 참된 인격의 차원으로 들어가지 못했기 때문이다. 참된 인격 안에 판에 박힌 것은 없으며 각자가 독특한 존재이다.

모두는 아니지만 많은 그리스 교부들이 하나님의 "형상"(image)과 "모양"(likeness)을 구분한다. 이 두 용어를 구분하는 사람들이 볼 때에, 형상이란 하나님 안에 있는 생명을 위한 인간의 가능성(potentiality)를 가리키며, 모양이란 그 가능성의 실현을 가리킨다. 형상이란 인간이 처음부터 소유하고 있으며, 그로 하여금 영적인 길을 출발할 수 있게 해주는 것이다. 모양이란 그가 그 여행이 끝날 때에 획득하기를 소망하는 것이다. 오리겐의 말을 빌리자면, "인간은 첫 창조 때에 형상의 존귀함을 받았지만, 하나님의 모양의 완성은 만물이 완성될 때에만 주어질 것이다."[16] 모든 사람들은 하나님의 형상으로 지음을 받았는데, 비록 삶이 타락하기는 했지만 그들의 내면에 있는 하나님의 형상은 흐려지고 딱지가 앉았을 뿐 완전히 상실된 것이 아니다. 그러나 하나님의 모양은 다가올 세대에 하늘나라에서 복 받은 사람들에 의해서만 완전히 성취된다.

이레내우스의 말에 의하면 처음 창조 때의 인간은 "어린아이"와 같았으며, "성장하여 완전하게 되어야 했다."[17] 다시 말해서 첫 창조 때의 인간은 순수하고 영적으로 발달할 가능성을 지니고 있었지만("형상"), 그의 발달은 불가피한 것이거나 자동적인 것은 아니었다. 인간은 하나님의 은혜와 협력하라는 부름을 받았으며, 자유의지를 올바르게 사용함으로써 더디지만 점진적으로 하나님 안에서 완전하게 되어야 했다("모양"). 이것은 하나님의 형상으로 창조된 인간이라는 개념이 정적인 의미보다는 역동적인 의미로 해석될 수 있음을 보여 준다. 그것은 인간에게 처음부터 충분히 실현된 완전, 가능한 최고의 거룩과 지식이 주어졌다는 의미가 아니라, 성장하여 하나님과의 완전한 교제를 이룰 수 있는 기회를 부여받았다는 의미이다. 물론 형상과 모양을 구분하는 것 자체가 "진화론"을 받아들이는 것을 암시하는 것은 아니지만, 그러한 이론과 양립할 수 없는 것도 아니다.

형상과 모양은 점위력(orientation), 관계를 의미한다. 필립 세라드(Philip Sherrard)의 말처럼, "인간이라는 개념은 하나님과의 관계를 암시한다. 인간을 시인하는 것은 하나님을 시인하는 것이다."[18] 인간이 하나

---

16) Origen, *On Fist Principles* III, vi, 1, tr. G. W. Butterworth (SPCK, London, 1936), p. 245.

17) St. Irenaeus, *The Demonstration of the Apostoloc Preaching* 12, tr. Armitage Robinson (SPCK, London, 1920), p. 81.

18) Philip Sherrard, *The Rape of Man and Nature* (Golgonooza Press, Ipswich, 1987), p. 20.

님의 형상으로 지음을 받았다고 믿는 것은 곧 인간이 하나님과의 교제와 연합을 위해 만들어졌다는 것, 그리고 이 교제를 거부한다면 제대로 된 인간으로 존재할 수 없다는 것을 믿는 것이다. 하나님과 분리되어 존재하는 "자연인"이란 있을 수 없다. 하나님으로부터 분리된 인간은 매우 비자연적인 상태에 놓인다. 그러므로 형상의 교리는, 인간이 자기 존재의 내적인 중심으로서 하나님을 소유한다는 의미이다. 신적인 것이 우리 인성 안에서 모든 것을 결정하는 요소이다. 신적인 것에 대한 감각을 상실하면, 인간적인 것에 대한 감각도 상실한다.

이것은 르네상스 이후, 특히 산업 혁명 이후로 서방 세계에서 발생한 것에 의해서 확인된다. 사회가 비인간화됨에 따라서 세속주의도 증가했다. 이것을 보여 주는 가장 분명한 예는 소련에서 발견되는 레닌과 스탈린의 공산주의이다. 거기에서 하나님을 부인하는 일과 개인의 자유를 잔인하게 억압하는 일이 병행되었다. 이것은 조금도 놀라운 일이 아니다. 인간의 자유와 권위에 관한 교리를 위한 안전한 기초는 각 사람이 하나님의 형상 안에 있다는 믿음뿐이다.

인간은 하나님의 형상으로, 상세하게 표현하자면 삼위 하나님의 형상으로 만들어졌다. 앞에서 "삼위일체의 삶을 사는 것"에 대해서 말한 것들은, 형상의 교리에 의해서 이야기할 때에 더 큰 설득력을 갖는다. 인간 안에 있는 하나님의 형상은 삼위일체적 형상이므로, 인간도 하나님처럼 상호 간의 삶을 통해서 참된 본성을 실현한다. 하나님의 형상이란 하나님과의 관계뿐만 아니라 다른 사람들과의 관계도 의미한다. 거룩한 삼위께서 서로 안에서 서로를 위해서 사시는 것처럼, 삼위의 형상으로 만들어진 존재인 인간도 다른 사람들의 눈을 통해서 세상을 봄으로써, 다른 사람들의 기쁨과 슬픔을 자신의 것으로 만듦으로써 진정한 인간이 된다. 인간은 각기 독특한 개체이지만, 독특함을 지닌 각 사람은 사람들과의 교제를 위해서 창조되었다.

> 믿음의 사람인 우리는 모든 신실한 사람들을 단일한 한 사람으로 보아야 합니다.…그리고 이웃을 위해서 생명을 버릴 각오가 되어 있어야 합니다.[19]
>
> 신신학자 시므온

> 구원 받는 길은 이웃을 통하는 것 뿐입니다…마음의 청결이란 죄인과 병자를 볼 때에 긍휼히 여기며 온유한 마음을 품는 것입니다.[20]
>
> 『마카리우스의 신령한 설교』

> 원로들은 항상 우리 각 사람은 이웃의 경험을 자신의 경험으로 간주해야 한다고 말하곤 했습니다. 우리는 모든 일에 있어서 이웃과 함께 고난을 받고 함께 울며, 마치 그의 몸 안에 있는 것처럼 행동해야 합니다. 만일 이웃에게 환난이 닥친다면, 우리 자신이 환난을 당한 것처럼 괴로워해야 합니다.[21]
>
> 『사막 교부들의 금언』

---

19) St. Symeon the New Theologian, *Theological, Gnostic and Practical Chapters* iii, 3, ed. Darrouzés, p. 80, tr. Mcguckin, p. 72.
20) *The Homilies of St Macarius* xxxvii, 3 and xv, 8, tr. Maloney, pp. 207 and 111.

인간은 삼위일체 하나님의 형상으로 지음을 받았기 때문에 위의 말들은 지극히 참된 말이다.

제사장과 왕

하나님의 형상으로 지음 받은 소우주요 중재자인 인간은 창조 세계의 제사장이요 왕이다. 동물들은 무의식적이고 본능적으로만 할 수 있는 두 가지 일을 인간은 의식적이고 의도적으로 행할 수 있다. 첫째, 인간은 세상을 인하여 하나님을 찬미하고 찬양할 수 있다. 인간은 "논리적"인 동물이 아니라 "감사하는" 동물이라고 정의하는 것이 가장 훌륭한 정의이다. 인간은 세상에서 살며 세상에 대해서 생각하고 활용하는 데 그치는 것이 아니라 세상을 하나님의 선물로, 하나님의 임재의 성례요 하나님과의 교제의 수단으로 볼 수 있다. 따라서 인간은 감사함으로 세상을 하나님께 돌려드릴 수 있다:

당신의 것인 이 세상의 모든 것 중에서 특히 이 예물을 우리에게 베푸신 모든 은혜에 대한 감사로써 모든 곳에서 당신께 바치나이다.
요한 크리소스톰의 성찬 기도

---

21) *The Sayings of the Desert Fathers: in Paul Evergetinos, Collection*, vol. iii, ed. Vector Mattaiou (Monastery of the Transfiguration, Athens, 1964), p. 497.

둘째, 세상을 인하여 하나님을 찬미하고 찬양하는 것 외에 인간은 세상을 재형성하고 변화시킬 수 있으며, 그럼으로써 세상에 새로운 의미를 부여할 수 있다. 두미트루 스타닐로애(Dumitru Staniloae) 수사는 "인간은 창조 세계에 자신의 이해와 지적 작업의 도장을 찍는다.…세상은 하나의 선물일 뿐만 아니라 인간을 위한 과업이기도 하다"[22]라고 말했다. 하나님과 협력하는 것이 인간의 소명이다. 사도 바울은 우리가 "하나님의 동역자"(고전 3:9)라고 말했다. 인간은 논리적이고 감사하는 동물일 뿐만 아니라, 창조적인 동물이기도 하다. 인간이 하나님의 형상 안에 있다는 사실은 곧 창조주 하나님의 형상을 좇아 창조하는 자라는 의미이다. 인간은 이 창조적인 역할을 육적인 힘에 의해서 수행하는 것이 아니라 분명한 영적 시각을 통해서 수행한다. 인간의 소명은 자연을 지배하고 착취하는 것이 아니라 그것을 변화시키며 거룩하게 하는 것이다.

인간은 여러 가지 방법으로-땅을 개발함을 통해서, 장인의 솜씨를 통해서, 책을 저술하거나 그림을 그림으로써-유형적인 사물에 음성을 주며, 창조 세계로 하여금 하나님을 찬양하게 한다. 새로 창조된 아담이 행한 첫 번째 과업이 동물들에게 이름을 지어주는 것이었다는 사실은 의미심장하다. 이름을 지어주는 일은 본질적으로 창조적 행동이다. 우리가 어떤 대상이나 경험에 적합한 이름, 그것의 참된 특성을 지적해 주는 "타당한 단어"를 발견하지 못한다면, 우리는 그것을 이해하거나 활용할 수 없다. 마찬가지로 성찬예배 때에 하나님께 땅의 첫 열매들을 돌

---

22) Fr Dumitru Staniloae, "The World as Gift and sacrament of God's Love", *Sobornost* 5:9 (The Fellowship of St. Alban and St. Sergius, London, 1969), p. 669.

려 드릴 때, 우리는 원래의 형태 그대로의 열매를 드리는 것이 아니라 인간의 손에 의해서 형태가 바뀐 열매를 드린다. 우리는 제단에 곡식단이 아니라 빵 덩어리를, 포도가 아니라 포도주를 바친다.

그러므로 인간은 하나님께 감사하며 창조 세계를 돌려 드리는 능력으로 말미암아 창조 세계의 제사장이 된다. 그리고 모양을 만들고 연결하고 다양화하는 능력으로 말미암아 창조 세계의 왕이 된다. 사이프러스의 레온티우스(St. Leontius of Cyprus)는 이 제사장의 기능과 왕의 기능을 훌륭하게 묘사한다:

> 하늘과 땅과 바다를 통해서, 나무와 돌을 통해서, 눈에 보이거나 보이지 않는 모든 피조물을 통해서 만물의 창조자요 주요 조성자이신 분을 예배합니다. 피조물은 직접, 그리고 스스로 그 조성자를 경배할 수 없습니다. 하늘은 나를 통해서 하나님의 영광을 선포하며, 달은 나를 통해서 하나님을 예배하며, 별들은 나를 통해서 하나님께 영광을 돌리며, 물과 빗줄기, 이슬과 모든 피조물은 나를 통해서 하나님을 경배하며 영광을 돌립니다.[23]

하시딤의 교사인 사다고라의 아브라함 야코프(Abraham Yaakov of Sadagora)도 비슷한 사상을 표현했다:

---

23) St. Leontius of Cyprus, *Against the Jews and in Defence of the Icons of the Saints* (PG: 1604AB).

모든 피조물과 식물과 동물들은 스스로를 인간에게 가져와 봉헌합니다. 그것들은 인간을 통해서 하나님께 제물로 봉헌됩니다. 인간이 하나님께 드리는 제물로서 스스로를 깨끗하게 하고 거룩하게 할 때에, 하나님은 모든 피조물을 깨끗하게 하시고 거룩하게 하십니다.[24]

내면의 나라

"마음이 청결한 자는 복이 있나니 그들이 하나님을 볼 것임이요"(마 5:8). 하나님의 형상으로 지음을 받은 인간은 하나님의 거울이다. 인간은 자신을 앎으로써 하나님을 알며, 자신의 내면에 들어감으로써 마음의 깨끗함 안에 반영된 하나님을 본다. 인간이 하나님의 형상을 좇아 창조되었다는 교리는, 각 사람의 내면-각 사람의 가장 참되고 심오한 자아, 종종 "깊은 마음", 혹은 "영혼의 근저"라고 지칭되는 것의 내면-에 창조되지 않은 분과 직접 만나고 연합하는 지점이 있다는 것이다. "하나님의 나라는 너희 안에 있느니라"(눅 17:21).

이처럼 내면의 나라를 탐구하는 것이 교부들의 글에서 발견되는 주된 주제들 중 하나이다. 알렉산드리아의 클레멘트는 "가장 큰 교훈은 자신을 아는 것이다. 만일 사람이 자신을 안다면 하나님을 알게 되고, 하나님을 안다면 하나님처럼 될 것이다"[25]라고 말했다. 대 바실(Basil the

---

[24] Abaraham Yaakov of Sadagora: in Martin Buber, *Tales of the Hasidim: The Later Masters* (Schocken Books, New York, 1966), p. 70.

Great)은 다음과 같이 기록했다:

"지성이 표면적인 사물들 사이에서 발산되거나 감각을 통해서 세상에 흩어지지 못하게 되면, 지성은 자신에게로 돌아온다. 그리고 그 자체에 의해서 하나님의 생각으로 상승해 올라간다."[26]

시리아인 이삭은 "자신을 아는 사람은 모든 것을 안다"고 말했고, 다음과 같은 말도 했다:

그대의 영혼과 화목하십시오. 그렇게 되면 하늘과 땅이 그대와 화목할 것입니다.

그대의 내면에 있는 보물창고에 들어가십시오. 그러면 하늘에 있는 것들을 보게 될 것입니다.

두 곳에 들어가는 입구는 하나뿐입니다.

그 나라에 올라가는 사다리는 그대의 영혼 안에 감추어져 있습니다.

죄에서 도망쳐서 그대 자신 안으로 잠수해 들어가십시오. 그러면 위로 올라가는 계단을 발견할 것입니다.[27]

그밖에 토마스 머튼의 증언을 추가할 수 있다:

---

25) St. Clement of Alexandria, *The Pedagogue* III, 1 (1, 1).
26) St. Basil, *Letter* 2, tr. Deferrari, pp. 12-14.
27) St. Issac the Syrian, *Ascetical Homilies* 2, tr. Holy Transfiguration Monastery, p. 11.

우리 존재의 중심에는 죄와 망상에 접하지 않은 무(nothingness)의 지점, 순수한 진리의 지점, 온전히 하나님께 속해 있어 우리 마음대로 할 수 없으며 우리의 망상적인 정신이나 의지로는 접근할 수 없는 지점, 혹은 불티가 있다.

이 무와 절대적인 가난의 작은 지점은 우리 안에 있는 순수한 하나님의 영광이다. 그것은 가난, 곤궁, 의존, 아들 됨으로서 우리 안에 기록된 그의 이름이다.

그것은 순수한 금강석과 같으며, 눈에 보이지 않는 천국의 빛으로 작열한다. 그것은 모든 사람의 내면에 있다.

만일 그것을 볼 수 있다면, 우리는 이 수억 개의 빛의 지점들이 하나의 태양의 표면과 불길 속에 통합되어 모든 어둠과 삶의 잔인함을 완전히 사라지게 하는 것을 보게 될 것이다.…천국의 문은 도처에 있다.[28]

성 이삭은 죄에서 도망치라고 강조한다. 이 말에 특별히 유의해야 한다. 우리 안에 반영되어 있는 하나님의 얼굴을 보려면, 거울을 깨끗이 해야 한다. 회개가 없으면, 자기 인식이나 내면의 나라의 발견이 불가능하다. 만일 "그대 자신의 내면으로 돌아가라. 그대 자신을 알라"는 말을 듣는다면, 나는 "어떤 자아를 발견해야 합니까? 나의 참 자아는 무엇입니까?"라고 질문해야 한다. 정신분석은 우리에게 한 가지 형태의 "자아"를 드러내 준다. 그러나 종종 그것은 "그 나라에 이르는 사다리"로

---

[28] Thomas Merton, *Conjectures of a Guilty Bystander* (Image Books, Doubleday, New York, 1968), p. 158.

인도하는 것이 아니라 습기 차고 뱀이 득실거리는 지하실로 내려가는 계단으로 인도한다. "너 자신을 알라"는 것은 "하나님에게 뿌리를 둔 자아, 하나님에게 근원을 둔 자신을 알라. 너 자신이 하나님 안에 있음을 알라"는 의미이다. 정교회의 영적 전통의 관점에서 보면, 거짓되고 타락한 자아에 대한 죽음을 통하지 않고서는 "하나님의 형상을 좇아" 지음을 받은 우리의 참 자아를 발견하지 못할 것이다. "누구든지 나를 위하여 제 목숨을 잃으면 찾으리라"(마 16:25). 거짓 자아를 파악하고 그것을 거부하는 사람만이 자신의 참된 자아, 하나님이 보시는 자아를 식별할 수 있을 것이다. 성 바르사누피우스(St. Varsanuphius)는 거짓 자아와 참 자아를 구분하는 것을 강조하면서 "너 자신을 잊고 너 자신을 알라"[29]고 명한다.

악, 고난, 그리고 인간의 타락

도스토엡스키의 소설 『카라마조프의 형제들』에서 이반은 형에게 다음과 같이 도전한다:

네가 궁극적으로 사람들을 행복하게 해주고 평화와 안식을 주려는 목

---

29) St Varsanuphius, *Letter* 112 (207), tr. Lucien Regnault and Philippe lemaire, *Barsanyphe et Jean de Gaza: Correspondence* (Solesmes, Sablé-sur Sarthe, 1972), p. 101.

적을 가지고 인간의 운명이라는 조직을 창조하고 있다고, 그러나 그렇게 하기 위해서는 한 명의 어린 아기를 괴롭혀야 하며…그 아기의 눈물 위에 건물을 세워야 한다고 가정해 보아라. 그런 조건에서 건물을 짓는 데 동의할 수 있겠느냐?[30)]

알료샤는 "나는 동의하지 않겠어"라고 대답한다. 우리가 이렇게 하는 데 동의하지 않는데, 하물며 하나님께서 그렇게 하시겠는가?

서머세트 몸(Somerset maugham)은, 어린아이가 뇌막염으로 서서히 죽는 것을 본 이후로 사랑의 하나님을 믿을 수 없었다고 말했다. 누구에게나 남편이나 아내, 자녀나 부모가 크게 낙심하는 것을 지켜보아야 했던 경험이 있을 것이다. 고통의 영역에서 특히 만성 우울증으로 시달리는 사람을 관찰하는 것이 가장 끔찍하다. 우리의 대답은 무엇인가? 우리는 어떻게 사랑하시는 하나님, 만물을 창조하시고 그것들이 심히 좋다고 여기신 하나님에 대한 믿음을 고통과 죄와 악의 존재와 화해시킬 수 있을까?

쉬운 해답이나 분명한 화해는 없다고 인정해야 한다. 고통과 악은 불합리한 것으로서 우리를 대면한다. 우리 자신이나 다른 사람들의 고난은 그럴 듯하게 설명할 수 있는 이론적인 문제가 아니라 우리가 직접 헤쳐 나가야 하는 경험이다. 혹 하나의 설명이 있다면, 그것은 말보다 더 심오한 차원에 있을 것이다. 고난은 "정당화"될 수 없지만 활용하고 받

---

30) Feodor Dostoevky, *The Brothers Karamazov*, tr. David Magarshack, vol. i (Penguin Books, Harmondsworth, 1958), pp. 287-8.

아들일 수 있으며, 받아들임을 통해서 변화시킬 수 있다. 니콜라스 베르댜에프(Nicolas Berdyaev)는 "고난과 악이라는 역설은 긍휼과 사랑의 경험 안에서 해결된다"[31]고 했다.

"악의 문제"에 대한 손쉬운 해결책에 대해 의심하는 것은 정당하지만, 우리는 창세기 3장에 기록된 인간의 타락 이야기에서 주의해야 할 두 개의 중요한 표지판을 발견할 수 있다.

첫째, 창세기의 이야기는 "뱀", 다시 말해서 마귀-하나님으로부터 돌이켜 자기-의지의 지옥으로 떨어진 최초의 천사-에 대한 이야기로 시작된다(3:1). 이중의 타락이 있었다: 천사들의 타락과 인간의 타락. 천사들의 타락은 꾸며낸 동화가 아니라 영적 진리이다. 인간이 창조되기 전에, 이미 순수지성적(noetic) 영역 안에서 길이 분리되는 일이 발생했었다: 천사들 중 일부는 하나님께 순종했지만, 나머지 천사들은 하나님을 배격했다. 이 "하늘에서 벌어진 전쟁"(계 12:7)과 관련해서, 성경에는 신비적으로만 언급되어 있다. 그 때에 발생한 것에 대한 상세한 이야기는 다루어지지 않으며, 순수지성적인 영역에서의 화해를 위한 하나님의 계획이 무엇인지, 혹은 마귀도 결국 구속함을 받을 것인지 등에 대해서 우리는 알지 못한다. 아마 욥기 1장에서처럼, 사탄은 일반적으로 묘사되는 것처럼 검은 색이 아닐 수도 있다. 현재 세상에서 생존하는 우리에게 있어서 사탄은 원수이다. 그러나 사탄도 하나님과의 직접적인 관계를 소유한다. 그 관계에 대해서 우리는 진혀 알지 못하며, 그것에 대해서

---

31) Nicolas Berdyaev, *Spirit and Reality* (Geoffrey Bles, London, 1939), p. 125.

숙고하는 것은 지혜로운 일이 아니다. 우리는 자신의 일에만 관심을 기울여야 한다.

우리가 고통의 문제를 파악하려고 노력할 때에 관심을 기울여야 할 것이 세 가지 있다. 첫째, 인간이 개인적으로 책임을 지고 있는 악 외에도 우주에는 막강한 세력들이 존재하는데, 그것들의 의지는 악을 향하고 있다. 이 세력들은 인간이 아님에도 불구하고 인격적이다. 이러한 악한 세력들의 존재는 가설이나 전설이 아니며, 대부분의 사람들이 직접적으로 경험하는 것이다. 둘째, 타락한 영적 권세들의 존재는 시간적으로 분명히 인간이 창조되기 전에 자연세계 안에서 무질서와 낭비와 잔인함이 발견되어야 하는 이유를 이해하는 데 도움을 준다. 셋째, 천사들의 반역은 악이 아래로부터가 아니라 위에서부터, 물질이 아니라 영으로부터 발생한다는 것을 분명히 해준다. 이미 강조한 것처럼 악은 "사물이 아니다." 그것은 생존하는 존재나 실체가 아니라 본질적으로 선한 것에 대한 그릇된 태도이다. 도덕적 선택권을 부여받았지만 그 능력을 옳지 않게 사용하는 영적 존재들의 자유의지 안에 악의 근원이 있다.

첫째 표지판인 "뱀"에 대해서는 이만큼만 다루기로 하자. 창세기의 이야기는, 비록 인간이 천사들의 타락으로 말미암아 이미 더럽혀진 세상에 존재하게 되었지만 그 무엇도 인간으로 하여금 죄를 지으라고 강요하지 않았음을 분명히 해준다. 하와는 뱀의 유혹을 받았지만, 뱀의 제안을 거부할 자유가 있었다. 하와와 아담의 "원죄"는 의식적인 불순종의 행위, 고의적으로 하나님의 사랑을 거부한 것, 자유로이 하나님에게서 등을 돌려 자아를 택한 것에 있다(창 3:2, 3, 11).

인간이 자유의지를 소유하고 행사한 것에서, 우리는 문제에 대한 완전한 설명을 발견하는 것이 아니라 다만 하나의 해답의 출발점들을 발견한다. 왜 하나님은 천사들과 인간이 범죄하는 것을 허락하셨을까? 왜 하나님은 악과 고난을 허락하시는가? 우리는 "그분이 사랑의 하나님이시기 때문이다"라고 대답한다. 사랑은 함께 나누어 갖는 것을 의미하며, 또한 자유를 의미한다. 사랑의 삼위일체이신 하나님은 자기의 형상으로 만들어진 사람들에게 자기의 생명을 나누어 주기 원하셨다. 그러한 사람들은 사랑의 관계 안에서 자유로이, 자발적으로 하나님에게 반응할 수 있을 것이었다. 자유가 없는 곳에는 사랑이 있을 수 없다. 강압은 사랑을 배제한다. 폴 에브도키모프(Paul Evdokimov)가 즐겨 말한 것처럼, 하나님은 우리에게 하나님을 사랑하라고 강요하는 것만 제외하고 모든 일을 하실 수 있다. 그러므로 사랑을 나누어 주기 원하시는 하나님은 기계적으로 순종할 로봇을 만드신 것이 아니라 자유 선택권을 부여받은 천사들과 인간들을 만드셨다. 그럼으로써 사태를 신인동형론적인 방법으로 배치하기 위해서 하나님은 모험을 하셨다. 자유라는 선물과 더불어 죄의 가능성도 주신 것이다. 그러나 모험을 하지 않는 사람은 사랑하지 않는다.

    자유가 없으면 죄도 존재하지 않을 것이다. 그러나 자유가 없으면 인간은 하나님의 형상 안에 존재하지 않을 것이며, 사랑의 관계 속에서 하나님과 교제할 수 없을 것이다.

타락의 결과

　인간은 성삼위일체와 교제하도록 지음을 받았고, 사랑 안에서 하나님의 형상으로부터 하나님의 모양을 닮는 데까지 나아가라는 부름을 받았음에도 불구하고 위로 올라가는 길이 아니라 내려가는 길을 선택했다. 인간은 자신의 참 본질인 하나님을 향한 관계를 거부했다. 인간은 중재자요 통합시키는 중심으로 행동하는 대신 분열－자기 내면에서의 분열, 자신과 다른 사람들 사이의 분열, 자신과 자연계와의 분열－을 일으켰다. 하나님으로부터 자유라는 선물을 받았음에도 불구하고 인간은 동료들에게 자유를 주기를 거부했다. 세상을 재형성하며 새로운 의미를 부여할 능력을 받았지만, 추하고 파괴적인 도구들을 만들기 위해서 그 능력을 사용했다. 특히 이렇게 잘못 사용함에 따른 결과는 산업혁명 이후의 급격한 환경오염에서 분명히 드러난다.
　인간의 원죄, 하나님－중심에서 자아－중심으로 돌이킨 것은 곧 인간이 세상과 사람들을 하나님과의 교제의 성례로 보지 않게 되었음을 의미한다. 인간은 그것들을 주신 자에게 감사함으로 돌려 드려야 할 선물로 보지 않고, 자신이 장악하고 착취하고 삼켜야 할 소유물로 보기 시작했다. 이제 그는 사람들이나 사물들을 하나님 안에서 그것들 본연의 모습으로 보지 않으며, 단지 그것들이 줄 수 있는 쾌락과 만족에 의해서만 그것들을 보게 되었다. 그 결과 그는 정욕의 악한 순환에 사로잡히게 되었고, 그 정욕은 만족을 모르고 증가되었다. 투명한 창문－그는 그 창문을 통해서 하나님을 바라보았다－같던 세상은 불투명해졌다. 세상은 생명을 주지 못하게 되었으며, 부패와 죽음에 예속되었다. "너는 흙이니 흙으로 돌아갈 것이니라"(창 3:19). 이것은 생명의 근원이신 하나님에게서 떨어져 나가는 순간 타락한 인간과 모든 피조물에게 적용된다.

타락의 결과는 육체적이며 도덕적인 것이었다. 인간은 육체적인 차원에서 고통과 질병, 노쇠함 등을 경험하게 되었다. 새 생명을 낳는 여인의 기쁨에 출산의 고통이 섞이게 되었다(창 3:16). 이것들은 인류를 위한 하나님의 원래 계획에는 없었던 것들이다. 타락으로 말미암아 남자들과 여자들은 육체의 죽음 안에서 영과 몸의 분리에 종속하게 되었다. 그러나 육체의 죽음은 형벌이라기보다 사랑의 하나님이 제공해 주시는 해방의 수단으로 보아야 한다. 자비하신 하나님은 사람들이 타락한 세상에서 자신이 고안해 낸 악의 순환 안에 사로잡힌 채 살아가는 것을 원치 않으셨기 때문에 피할 길을 마련해 주셨다. 그러므로 죽음은 삶의 끝이 아니라 소생의 시작이다. 우리는 육체의 죽음 너머로 마지막 일반 부활 때에 몸과 혼이 결합될 것을 본다. 우리가 죽어 몸과 영이 분리될 때에 하나님은 토기장이처럼 행동하신다. 토기장이는 물레 위에 놓인 그릇에 흠이 생기거나 모양이 뒤틀리면, 다시 반죽하여 새로 빚는다(렘 18:1-6 참조). 정교회의 장례 의식에서는 다음과 같이 강조한다:

> 태초에 주는 주의 모양대로 사람을 지으시고 그를 낙원에 두시어 주의 모든 피조물을 다스리게 하셨나이다. 그러나 사람은 악마의 시기에 걸려 타락하였고, 주의 명을 어기고 그 열매를 따 먹었나이다. 그리하여 주께서 그를 단죄하셨음은 그가 생겨났던 흙으로 다시 돌아가 안식을

요청하게끔 하시기 위함이었나이다.[32]

타락의 결과로서 인간은 도덕적인 차원에서 좌절과 싫증, 그리고 우울함에 종속되었다. 원래 일이란 인간의 기쁨의 근원이 되며 하나님과의 교제의 수단으로 의도되었던 것인데, 이제 인간은 마지못해 땀을 흘리면서 일을 하게 되었다(창 3:19). 그뿐만이 아니다. 인간은 내적 소외에 예속되었다: 의지가 약해지고 내면이 분열된 그는 자신의 원수요 사형 집행인이 되었다. 사도 바울은 그것을 이렇게 표현한다:

> 내 속 곧 내 육신에 선한 것이 거하지 아니하는 줄을 아노니 원함은 내게 있으나 선을 행하는 것은 없노라 내가 원하는 바 선은 행하지 아니하고 도리어 원하지 아니하는 바 악은 행하는도다…오호라 나는 곤고한 사람이로다 이 사망의 몸에서 누가 나를 건져내랴(롬 7:18, 19, 24).

여기에서 바울은 단순히 우리 안에 선과 악의 싸움이 있다고 말하는 것이 아니다. 그는 우리가 아주 빈번하게 자신이 도덕적으로 마비되어 있음을 발견한다고 말한다: 우리는 진심으로 선을 선택하기 원하지만, 자신이 선택한 것 모두가 악을 낳는 상황에 사로잡혀 있음을 발견한다. 우리는 각기 개인적인 경험을 통해서 사도 바울이 의미하는 바가 무엇인지를 정확하게 알고 있다.

---

[32] Orthodox Funeral Service: *in The Lenten Triodion*, p. 128.

그러나 바울은 조심스럽게 "내 육신에 선한 것이 거하지 아니하는 줄을 안다"고 말했다. 우리의 금욕적인 싸움은 몸이 아닌 육을 대적하는 것이다. "육"(flesh)과 "몸"(body)은 동일한 것이 아니다. 위의 성구에서 사용된 "육"(육신)은 우리 안에서 죄악되며 하나님을 대적하는 모든 것을 의미한다. 따라서 그것은 몸이 아니며, 타락하여 육적이고 정욕적이 된 인간 안에 있는 영혼도 아니다. 우리는 육을 미워해야 하지만 몸을 미워해서는 안 된다. 몸은 하나님의 솜씨이며 성령의 전이다. 그러므로 금욕적인 자기 부인은 육을 대적하는 싸움이지 몸을 대적하는 싸움이 아니다. 세르게이 불가코프(Sergei Bulgakov)는 "몸을 얻기 위해서 육을 죽이라"[33]고 말하곤 했다. 금욕이란 자기를 노예로 만드는 것이 아니라 자유에 이르는 길이다. 인간은 자가당착으로 엉켜 있는 그물이며, 금욕을 통해서만 자발성을 얻을 수 있다.

이렇게 이해할 때에 육을 대적하는 싸움, 죄 많고 타락한 자아를 대적하는 싸움으로 이해되는 금욕은 수도서원을 한 사람들뿐만 아니라 모든 그리스도교인들에게 요구된다. 수도의 소명과 결혼의 소명-부정의 길과 긍정의 길-은 서로 병행하면서도 보완적인 것으로 여겨야 한다. 수도사나 수녀는 이원론자가 아니며, 결혼한 신자와 똑같이 물질계와 인간 몸의 본질적인 선을 선포하려 한다. 마찬가지로 결혼한 신자들도 금욕(수덕)을 행하라는 부름을 받고 있다. 수도사와 결혼한 신자 사이의 차

---

33) Fr Sergei Bulgakov: in Metropolitan Anthony (Bloom of Sourozh, "Body and Matter in Spiritual Life" in A. M. Allchin (ed.), *Sacrament and Image: Essays in the Christian Understanding of Man* (The Fellowship of St. Alban and St. Sergius, London, 1967), p. 41.

이점은 오직 금욕적 전쟁이 수행되는 외적인 상태에 있다. 양자 모두 금욕주의자이며, 참된 그리스도교적 의미에서 물질주의자이다. 양자 모두 죄를 부인하고 세상을 긍정한다.

정교회 전통에서는 타락(원죄)의 결과를 축소하지 않지만, 칼빈주의자들이 주장하는 것처럼 그것이 "전적 부패"를 초래했다고 믿지는 않는다. 인간의 내면에 있는 하나님의 형상은 흐려진 것이지 완전히 삭제된 것이 아니다. 인간의 자유 선택은 그 행사권이 제한된 것이지 완전히 파괴된 것이 아니다. 타락한 세상에서도 인간은 여전히 관대한 자기-희생과 사랑의 긍휼을 행할 수 있다. 타락한 세상에서도 인간은 여전히 어느 정도 신지식을 소유하며, 은혜에 의해서 하나님과의 교제에 들어갈 수 있다. 구약성경에는 아브라함과 사라, 요셉과 모세, 엘리야와 예레미야 등 많은 성인들이 있고, 선택된 이스라엘 백성이 아니지만 소크라테스처럼 진리를 가르치는 데 그치지 않고 그대로 생활한 인물들이 있다. 그러나 인간의 죄-후대의 개인적인 죄들과 혼합된 아담의 원죄-는 인간 스스로의 노력에 의해서는 건널 수 없는 틈을 하나님과 인간 사이에 만들어 놓았다.

혼자서 타락하는 것이 아니다

정교회의 전통에서 볼 때 아담의 원죄는 인류 전체에 영향을 미치며, 그 결과는 육체적인 차원과 도덕적인 차원에서 나타난다. 그것은 질병과 육체의 죽음을 초래할 뿐만 아니라 도덕적인 연약함과 마비도 초래한다. 그런데 그것 역시 유전된 죄책을 함축하는가? 여기에서 정교회는 신중을 기한다. 원죄는 마치 그것이 성관계를 통해서 전달되는 죄책의 육체적 "오염"인 듯이 사법적 용어나 유사-생물학적 용어로 해석되어서는 안 된다. 이러한 묘사는 정교회에서는 받아들일 수 없는 것이다. 원죄의 교리는 우리가 선을 행하기는 어렵고 악을 행하기는 쉬운 환경, 사람들의 상처를 치료해 주기는 어렵지만 다치게 하기는 쉬운 환경, 사람들의 신뢰를 얻기는 어렵지만 의심을 사기는 쉬운 환경에 태어났다는 것을 의미한다. 그것은 곧 우리 각 사람이 인류의 연대성으로 말미암아 축적되어 있는 그릇된 행동과 그릇된 사고, 그릇된 존재에 의해 제한을 받고 있다는 의미이다. 이와 같은 그릇된 것들의 축적에 우리 자신의 고의적인 죄의 행위들을 추가해 왔다. 그리하여 하나님과 우리 사이의 틈은 점점 더 벌어진다.

　인류의 연대 안에서 우리는 원죄의 교리가 공정하지 못하다는 것에 대한 설명을 발견한다. 우리는 아담의 타락 때문에 왜 인류 전체가 고난을 받아야 하느냐고 묻는다. 한 사람의 죄 때문에 모든 사람이 벌을 받아야 하는 이유가 무엇인가? 그 대답은 삼위 하나님의 형상으로 지음을 받은 인간들이 상호 의존하며 공통된 본질을 가지고 있다는 데 있다. 고립되어 존재하는 사람은 없다. 우리는 서로 지체가 되며(엡 4:25), 인류 중 어느 지체가 행한 행동은 필연적으로 다른 모든 지체에게 영향을 미친다. 엄격한 의미에서 우리는 다른 사람들의 죄 때문에 죄악된 것이 아니지만, 어떻게 해서인지 항상 거기에 연루되어 있다.

알렉세이 코미아코프(Aleksei Khomiakov)는 "실족하는 사람은 혼자서 실족하지만, 혼자 구원받는 사람은 없다"[34]고 말한다. 그는 혼자 실족하는 사람은 없다고 말했어야 하지 않을까? 도스토엡스키의 소설 『카라마조프의 형제들』에서 조시마는 각 사람이 모든 사람과 모든 일에 대해 책임을 져야 한다고 말했는데, 이것은 진리에 더욱 근접한 말이 아닐까?

구원에 이르는 길은 오직 하나인데, 그것은 너 자신으로 하여금 모든 사람들의 죄에 대해 책임을 지게 하는 것이다. 모든 사람과 모든 사물에 대해 진정으로 책임을 질 때, 너는 곧 이것이 진실이라는 것, 그리고 실제로 모든 사람과 모든 사물에 대해 책임을 져야 할 사람이 자신이라는 것을 깨달을 것이다.[35]

고난 받으시는 하나님?

우리의 죄가 하나님의 마음을 슬프게 하는가? 우리가 고난 받을 때에 하나님도 고난 받으시는가? 고난 받는 사람에게 "바로 이 순간 하나님도 당신과 동일한 고난을 당하시며 그것을 극복하고 계시다"라고 말할 권리가 우리에게 있을까?

---

34) Aleksei Khomiakov, "The Church is One", §9, in W. J. Birkbeck, *Russia and the English Church in the Lasts Fifty Years* (Rivington, London, 1986), p. 216.
35) Dostoevsky, *The Brothers Karamazov*, vol. i, p. 377.

그리스와 라틴의 초대 교부들은 하나님의 초월성을 옹호하기 위해서, 하나님의 "무감각성"(impassibility)을 주장했다. 엄격하게 번역하자면 이것은 하나님이 지으신 인간은 고난을 당할 수 있으며 실제로 고난을 겪지만, 하나님은 본질적으로 그렇지 않다는 뜻이다. 우리는 교부들의 가르침을 부인하지 않으면서 그 이상의 것을 말해야 하지 않을까? 그리스도의 성육신 훨씬 이전, 구약성경에서 우리는 하나님에 대해서 "여호와께서 이스라엘의 곤고로 말미암아 마음에 근심하시니라"(삿 10:16)고 진술한 것을 발견한다. 역시 구약성경에서 하나님은 이렇게 말씀하신다:

> 에브라임은 나의 사랑하는 아들 기뻐하는 자식이 아니냐 내가 그를 책망하여 말할 때마다 깊이 생각하노라 그러므로 그를 위하여 내 창자가 들끓으니 내가 반드시 그를 불쌍히 여기리라(렘 31:20).

> 에브라임이여 내가 어찌 너를 놓겠느냐 이스라엘이여 내가 어찌 너를 버리겠느냐…내 마음이 내 속에서 돌이키어 나의 긍휼이 온전히 불붙듯 하도다(호 11:8).

만일 이 구절들에 어떤 의미가 있다면, 그것은 하나님이 성육신 이전에도 직접적으로 피조 세계의 고난에 관여하신다는 의미일 것이다. 우리의 불행은 하나님을 근심하게 하며, 하나님의 눈물은 인간의 눈물과 결합된다. 물론 부정적(*apophatic*) 접근 방법을 존중하면, 우리는 조잡하고 적절하지 못한 방법으로 인간의 감정을 하나님에게 적용하는 것을 경계할 것이다. 그러나 우리는 최소한 이것을 주장할 수 있다. 『심령이 가난한 사람들의 책』[36]에서는 "사랑은 사람들의 고난을 그 자체의 것으로 만든다"고 주장한다. 이것이 인간의 사랑에 적용될진대, 하나님의 사랑에는 더욱 크게 적용될 것이다. 하나님은 사랑이시며 사랑의 행동으로서 세상을 창조하셨으므로-그리고 하나님은 인격적인 하나님이시요 인격이란 모든 것을 공유하는 것을 의미하므로, 하나님은 이 타락한 세상의 슬픔을 모른 체하시지 않는다. 만일 내가 인간으로서 다른 사람의 번민을 모른 체한다면, 나는 어떤 의미에서 진정으로 그를 사랑하는 것일까? 분명히 하나님은 자신을 번민하는 피조세계와 동일시하신다.

예루살렘 성 밖에 십자가가 세워지기 전에 하나님의 마음에 십자가가 있었다는 말은 진실이다. 나무 십자가는 내려졌지만, 하나님 마음의 십자가는 그대로 남아 있다. 그것은 고통과 승리의 십자가이다. 그리고 이 사실을 믿을 수 있는 사람들은 그들이 마시는 쓴 잔에 기쁨이 섞여 있는 것을 발견할 것이다. 그들은 인간적인 차원에서 하나님의 승리하시는 고통의 경험에 동참할 것이다.

오, 당신은 높은 곳을 물로 덮으시고
바다의 모래를 만드신 분,

---

36) *The Book of the Poor in Spirit by a Friend of God*, ed. C. F. Kelley (Longmans, Green & Co., London, 1954), p. 233.

그리고 만물을 지탱해 주시는 분입니다.

태양은 당신을 찬양하며

달은 당신께 영광을 드립니다.

모든 피조물이 자기를 지으시고 창조하신 당신을

영원히 찬양합니다.[37]

사순절 Triodion 중에서

주님이시여, 주는 위대하시고 주의 업적은 기묘하오니 주의 놀라운 일을 찬미하기에는 어느 말도 부족하나이다.

주는 주의 뜻으로 만물을 무에서 창조하시고 주의 권능으로 세상의 모든 것을 보존하시며 주의 섭리로 세상을 다스리시나이다.

주는 대자연을 이룩하시고 사계절로 한 해의 주기를 마련하셨나이다. 주 앞에서 모든 신령한 능력들이 두려워 떨며 태양이 주를 찬송하고 달이 주께 영화를 드리며 별들이 제 길을 도나이다.

빛이 주께 순종하고 심연이 무서워 떨며 샘들이 복종하나이다. 주는 하늘을 천막처럼 치시고 땅이 물 위에 고정되게 하셨으며, 모래밭으로 바다 둘레에 테를 두르시고 숨 쉬는 것들을 위하여 공기가 흘러가게 하셨나이다.

천사들의 세력이 주를 섬기고 대천사의 무리가 주를 흠모하며 수많은 눈동자를 가진 케루빔과 여섯 날개의 세라핌이 주 앞에 시립하고 날면

---

[37] *The Lenten Triodion, Supplementary Texts*, tr. Mother Mary and Kallistos Ware (Monastery of the Veil of the Mother of God, Bussy-en-Othe, 1979), p. 111.

서 범접할 수 없는 주의 영광 안에 얼굴을 가리나이다.
그리하여 자연과 사람들과 천사들과 눈에 보이지 않는 것들로 주의 지극히 거룩하신 이름
이 성부와 성신과 이제와 항상 또 영원히 받으소서.[38)]

신현축일 대 성수식 기도 중에서

하나님의 모양과 형상을 가진 존재들을 창조하시기로 한 결정에 내재하는 하나님의 모험은 전능하신 능력의 절정, 혹은 자원하여 무력함을 택하신 절정을 초월한다. "하나님의 약하심이 사람보다 강하니라" (고전 1:25).[39)]

블라디미르 로스키

우주는 하나님이 사람들에게 주신 포도원이다. 요한 크리소스톰은 "우리가 만물을 위해 있는 것이 아니라, 만물이 우리를 위해 존재한다"고 말한다. 모든 것은 하나님께서 인간에게 주신 선물, 하나님의 사랑의 표식이다. 만물은 하나님의 사랑, 하나님의 선하신 뜻과 은혜를 증언해 주며, 그것을 우리에게 전달해 준다. 결국 만물은 하나님의 거룩한 사랑의 선물을 전달하는 매개물이다. 그것은 우리가 서로에게 주는 선물이 상대방에 대한 사랑의 표식이요 매개물인 것과 마찬가지이다. 사랑

---

38) *The Festal Menaion*, pp. 356-8.
39) Vladimir Lossky, *In the Image and Likeness of God* (St. Vladimir's seminary Press, New York, 1974), p. 214.

의 상호성이 실현되려면 선물을 받은 후 그에 응답하여 선물을 해야 한다. 그러나 인간은 하나님으로부터 받은 것 외에 돌려 드릴 것이 없다. 그러므로 인간이 드리는 선물은 희생제물이며, 그것을 감사함으로 하나님께 드린다. 인간이 하나님께 드리는 선물은 희생제물이며 보다 넓은 의미에서 "성례"이다.

그러나 선물이나 희생제물로서 세상을 하나님께 드릴 때, 우리는 그 선물에 우리 자신의 일, 이해, 희생정신, 하나님을 향한 운동 등의 도장을 찍는다. 우리가 이 거룩한 선물의 가치와 복합성을 파악하여 그 잠재력을 발달시키며, 그에 의해서 주어진 재능을 증가시킬수록 그만큼 더 우리는 하나님을 찬양하고 하나님께 기쁨을 드리며, 하나님과 우리 사이에 이루어지는 사랑의 대화에 적극적으로 참여하는 동반자임을 증명한다.[40]

두미트루 스타닐로애

하나님의 우주인 거대한 대성당 안에서, 학자이건 노동자이건 상관없이 각 사람은 자신의 일생의 제사장으로 행동하라는 소명을 받는다. 즉 인간적인 모든 것을 취하여 제물과 영광의 찬양송으로 변화시키라는 부름을 받는다.[41]

폴 에브도키모프

---

40) Fr Dumitru Staniloae, "Orthodoxy, Life in the Resurrection", *Eastern Churches Review* 2:4(London, 1969), p. 373.

41) Paul Evdokimov, "Le sacerdoce universel des lacs dans la tradition oreintale", in L. A. Elchinger, *L'Eglise en Dialogue* (Paris, 1962), pp. 39-40.

만일 몇 사람이 기도-순수하며 외관상 아주 무익한 것처럼 보이는 기도-가 된다면, 그들은 자신의 존재 자체에 의해서 우주를 변화시킨다.[42]

올리비에 클레멘트

그대는 세상 안에 있는 하나의 세상이다. 그대의 내면을 들여다보라. 그러면 그 안에서 모든 창조를 볼 수 있을 것이다. 외면의 사물들을 보지 말고 그대의 내면에 놓인 것에 주의를 기울이라. 그대 영혼의 지적 보물창고에 정신을 집중시키며, 형상들로부터 자유로운 성소이신 주님을 위해 준비하라.[43]

앤키라의 닐루스

러시아인들이 생각할 때, 인간은 참여를 통해서만 사물을 인간처럼 알 수 있는 듯하다.

이 세상에서 선과 악은 서로 풀 수 없이 얽혀 있다. 이것은 이 세상 삶의 큰 신비이다. 악이 강한 곳에서 선도 강해야 한다. 이것은 하나의 가정이 아니다. 그것은 자명한 것이다.

우리는 악을 피할 것이 아니라 먼저 그 안에 참여하고, 참여를 통해서 이해하고, 이해를 통해서 변화시켜야 한다.[44]

Iulia de Beausobre

---

42) Olivier Clément, *Byzance et le christianisme* (Presses Universitaites de France, Paris, 1964), p. 18.
43) St. Nilus of Ancyra, *Letter* ii, 119 (PG 79:252B).
44) Iulia de Beausobre, *Creative Suffering* (Dacre Press, London, 1940), pp. 33, 34, 37.

성인들은 자신을 위해서만 아니라 이웃을 위해서 회개해야 한다. 왜냐하면 적극적인 사랑이 없으면 그들은 완전하게 될 수 없기 때문이다. 그렇게 함으로써 우주는 결속되며, 우리 각 사람은 다른 사람들의 도움을 받는다.[45]

수도사 마르코

하나님은 우리가 마음으로 고통하면서 슬퍼해야 한다고 주장하지 않으시며 그것을 원하시지도 않는다. 하나님이 원하시는 것은 하나님을 향한 사랑 때문에 우리 영혼이 기뻐 웃는 것이다. 죄를 제거하면 눈물이 많아진다. 멍든 곳이 없으면 연고가 필요하지 않다. 타락하기 전의 아담은 눈물을 흘리지 않았다. 마찬가지로 죽은 자들로부터의 부활 이후, 죄가 파괴된 후에는 눈물이 존재하지 않을 것이다. 이는 그 때에 고통과 슬픔과 애통함이 이미 사라졌기 때문이다.[46]

요한 클리마쿠스

인간은 영광으로의 소명을 가지고 있는데, 그것은 그가 한층 더 인간답게 성장함으로써 보다 하나님처럼 성장해야 한다는 뜻이다.[47]

두미트루 스타닐로애

---

45) St Mark the Monk, *On Penitence* ii(*PG* 65:981AB).
46) St. John Climacus, *The Ladder of Divine Ascent*, Step 7 (PG 88:809C), tr. Colm Luibheid and Norman Russel (The Classics of Western Spirituality: Paulist press, New York, 1982), p. 141.
47) Fr Dumitru Staniloae, "Orthodoxy, Life in the Resurrection," p. 374.

제4장

인간이 되신 하나님

하나님께서 그리스도 안에 계시사 세상을 자기와 화목하게 하시며.

고린도후서 5:19

예수를 갈망하라. 그가 사랑으로 너를 채워 주실 것이다.[1]

시리아인 이삭(St. Isac the Syrian)

영적 스승 이삭이 이렇게 말했다: "언젠가 나는 사부 피민(Abba Poemen)과 함께 앉아 있다가 그가 황홀경에 빠져 있는 것을 보았다. 나는 그와 허물없는 사이였기 때문에, 그의 앞에 엎드려서 '그대가 어디에 가 있었는지 말해 주게'라고 요청했다. 포에멘은 말하려 하지 않았다. 그러나 계속 졸랐더니 그는 '내 생각은 구주의 십자가 앞에 서 울며 서 있는 하나님의 어머니 거룩한 마리아와 함께 있었습니다. 나도 십자가 앞에서 눈물 흘리던 마리아처럼 울 수 있었으면 좋겠습니다'라고 대답했다."[2]

사막 교부들의 금언

---

1) St. Issac the Syrian, *Ascetical Homilies* 3, tr. Holy Transfiguration Monastery, p. 24.
2) *The Sayings of the Desert Fathers*, alphabetical collection, Poemen 144, tr. Ward, p. 187.

여행길의 동반자

T. S. 엘리오트의 『황무지』 끝 부분에 다음과 같은 내용이 있다:

항상 그대 곁에서 걷고 있는 세 번째 사람은 누구입니까?
내가 세어 볼 때에 그대와 나뿐이었지만
내가 눈을 들어 하얀 길을 올려다보면
그대 곁에서 걸어가는 사람이 있습니다….

엘리오트는 주(註)에서 설명하기를, 자신이 쉐클튼(shackleton)의 남극 탐험 이야기를 염두에 두고 있었다고 말한다. 원정대원들은 체력의 한계에 이르렀을 때에 그들 가운데 실제의 대원들 외에 또 한 사람이 있다는 것을 거듭 느꼈다. 바벨론의 느부갓네살 왕도 비슷한 경험을 했다.

"우리가 결박하여 불 가운데 던진 자는 세 사람이 아니었느냐…내가 보니 결박되지 아니한 네 사람이 불 가운데로 다니는데 상하지도 아니하였고 그 넷째의 모양은 신들의 아들과 같도다"(단 3:24-25).

우리의 구주이신 예수님의 의미가 바로 그런 것이다. 그분은 우리가 완전히 기진했을 때에 항상 우리 곁에서 걸어가시는 분, 뜨거운 풀무 속이나 추운 얼음판에서도 우리와 함께 계시는 분이다. 우리가 매우 고독하거나 큰 시련을 당할 때에 "너는 혼자가 아니다. 네게는 동료가 있다"

는 말이 들려온다.

앞 장에서는 인간의 소외와 추방에 대한 말로 끝을 맺었다. 원죄와 개인적인 죄가 하나님과 인간 사이에 틈을 만들어 놓았으며, 인간 스스로는 아무리 노력해도 그 틈을 건널 수 없다는 것을 살펴보았다. 자신의 창조주로부터 분리되고, 동료 인간들로부터 분리되고, 내면적으로 파괴된 인간에게는 자신을 치료할 능력이 결여되어 있다. 그래서 우리는 어디에서 치료책을 발견해야 하느냐고 질문했다. 또한 우리는 인격적인 사랑의 하나님이신 삼위일체께서는 인간의 고난에 무관심하실 수 없으며 그 안에 관여하신다는 것도 살펴보았다. 이러한 하나님의 개입은 과연 어디까지 계속되었는가?

하나님의 개입은 가능한 한 멀리까지 계속되었다. 인간이 하나님께 갈 수 없었기 때문에, 하나님께서 인간에게 오셔서 가장 직접적인 방법으로 인간과 같게 되셨다. 영원한 로고스요 하나님의 아들이시며 삼위일체의 제2 위격이신 분이 참된 인간, 우리 중 하나가 되셨다. 그분은 인간의 모든 것을 취하심으로써 우리의 인간성을 고쳐주시고 치료해 주셨다. 니케아 신조에 "또 오직 한 분이신 주 예수 그리스도를 모든 세대에 앞서 성부로부터 나신 하나님의 외아들이시며 빛으로부터 나신 빛이시요, 참 하나님으로부터 나신 참 하나님으로서 창조되지 않고 나시어 성부와 일체이시며 만물이 다 이분으로 말미암아 창조되었음을 믿습니다. 우리 인간을 위하여 우리의 구원을 위하여 하늘에서 내려오셔서 성신으로 또 동정녀 마리아께 혈육을 취하시고 사람이 되심을 믿으며"라는 내용이 있다. 그러므로 남극 지방이나 불 속에서 우리와 동행하시는 분은 마리아에게서 육신을 취하셨으며 삼위 하나님의 한 분이시지만 우리와 같은 인간이신 분, 우리의 하나님이시면서 또한 형제이신 주 예수이시다.

주 예수여, 불쌍히 여기소서

앞에서 예수기도-주 예수 그리스도 하나님의 아들이시여, 이 죄인을 불쌍히 여기소서-가 지닌 삼위일체적 의미를 살펴보았다. 이제 그 기도가 예수 그리스도의 성육신에 대해서, 그리고 그분에 의한 그 분 안에서의 치유에 대해서 무엇을 말하는지 살펴보려 한다.

예수기도에는 두 개의 "극", 즉 서로 상반되는 요점이 있다. "하나님의 아들…주": 예수기도는 먼저 하나님의 영광에 대해서 말하며, 예수가 모든 창조의 주이시며 영원하신 아들이심을 인정한다. 그 다음에 결론 부분에서는 죄인인 우리의 상태-타락으로 인해 죄악 되며, 개인적으로 범한 악행 때문에 죄악 된 상태-를 언급한다(헬라어 원문의 문자적 의미에서는 마치 내가 유일한 죄인인 듯이 강조된다).

이처럼 예수기도는 하나님께 대한 예배로 시작하여 참회로 끝난다. 이처럼 하나님의 영광과 인간의 죄악 됨이라는 두 개의 극단적인 사실을 누가 혹은 무엇이 화해시킬 수 있을 것인가? 예수기도 안에는 그 대답을 주는 세 개의 단어가 있다. 첫째는 동정녀 마리아에게서 인간으로 태어나신 그리스도에게 주어진 개인적인 이름 "예수"이다. 이것은 천사들이 그리스도를 길러준 아버지인 요셉에게 말했던 것처럼 구주라는 의미를 가지고 있다: "아들을 낳으리니 이름을 예수라 하라 이는 그가 자기 백성을 그들의 죄에서 구원할 자이심이라"(마 1:21).

두 번째 단어는 "그리스도"라는 호칭이다. 이것은 히브리어의 "메시아"에 해당하는 그리스어로서 "기름 부음을 받은 자", 즉 하나님의 성령에 의해 기름 부음을 받은 자라는 의미이다. 옛 언약의 백성 유대인들에게 있어서 메시아는 장차 오실 구원자, 성령의 능력으로 이스라엘 백성을 원수들로부터 해방시켜 줄 임금이었다.

세 번째 단어 "불쌍히 여겨 주옵소서"는 행동하는 사랑, 용서와 자유와 완전함을 가져다주기 위해 역사하는 사랑을 의미한다. 불쌍히 여긴다는 것은 상대방이 노력에 의해서는 결코 지워버릴 수 없는 죄책을 면제해 주는 것, 지불할 수 없는 빚을 탕감해 주는 것, 도움을 받지 않고서는 결코 치료책을 발견할 수 없는 병에서 완전히 낫게 해주는 것이다. "불쌍히 여김"이란 이 모든 것이 값없이 선물로 수여되었음을 의미한다. 불쌍히 여김을 구하는 사람은 상대방에게 아무런 권리 주장도 할 수 없다.

따라서 예수기도는 인간의 문제와 하나님의 해결책을 가리킨다. 예수는 구주, 기름부음을 받은 왕, 불쌍히 여기시는 분이다. 그러나 이 기도는 예수라는 인물에 대해 무엇인가를 더 말해준다. 예수님을 "주" 그리고 "하나님의 아들"이라고 말하는데, 여기서 이 기도는 그분의 신성, 그분의 초월성과 영원하심에 대해서 말한다. 그러나 그분은 베들레헴에서 탄생한 후에 양육해 준 어머니가 지어준 이름인 "예수"로도 불린다.

따라서 예수기도는 그분의 인성, 인간으로서의 탄생의 진정한 실체에 대해서도 말한다.

그러므로 예수기도는 참된 신이시며 완전한 인간이신 예수 그리스도에 대한 믿음의 확인이다. 그분은 "신인일체"(Theanthropos)로서, 신이시면서 동시에 인간이시기 때문에 우리를 죄에서 구원하신다. 인간이 하나님께 갈 수 없었기 때문에 하나님께서 인간이 되셔서 인간에게 오신 것이다. 하나님은 개방적인 사랑, 혹은 "몰아적인" 사랑 안에서 자신이 창조했던 인간이 되심으로써 최고로 밀접한 연합 안에서 자신을 피조 세계와 결합하신다. 인간이신 하나님은 인간이 타락 때에 거부했던 중재의 과업을 성취하신다. 구주이신 예수는 신인 동시에 인간이시기 때문에 하나님과 인간 사이에 있는 심연에 다리를 놓으신다. 정교회의 성탄절 찬양송 중에 "하늘과 땅이 오늘 연합하였습니다. 이는 그리스도께서 탄생하셨기 때문입니다. 오늘 하나님께서 세상에 내려오셨고, 인간은 하늘로 올라갔습니다"[3]라는 가사가 있다.

따라서 성육신은 인간으로 하여금 하나님과 교제할 수 있도록 회복해 주신 최고의 구원 행위이다. 만일 인간이 타락하지 않았다면, 어떤 일이 일어났을까? 인간이 범죄하지 않았어도 하나님께서 인간이 되기로 결정하셨을까? 성육신을 타락한 인간의 곤경에 대한 하나님의 반응으로만 간주해야 하는가? 아니면 그것은 어떤 면에서 하나님의 영원한 목적의 일부인가? 우리는 타락의 배후에서 인간의 참된 운명의 성취로서 인

---

3) The Festal Menaion, p. 263.

간이 되신 하나님의 행위를 보아야 하는가?

현재 상황에서 우리는 이러한 가설적인 질문에 대해서 궁극적인 답변을 할 수 없다. 우리는 타락의 상태에 살고 있기 때문에, 만일 타락이라는 사건이 발생하지 않았다면 인류에 대한 하나님의 관계가 어떤 것이었을지 분명하게 상상할 수 없다. 그러므로 대부분의 그리스도교 저술가들은 성육신에 대한 논의를 인간의 타락한 상태라는 상황에 한정해 왔다. 그러나 모험적으로 폭넓은 견해를 취한 소수의 인물들이 있는데, 그 중에서도 탁월한 인물로 동방에서는 시리아인 이삭과 참회자 막시무스, 서방에서는 둔스 스코투스를 들 수 있다. 성 이삭은 성육신이 인류에게 발생할 수 있었던 일 중에서 가장 복되고 즐거운 일이라고 말했다. 그렇다면 결코 발생하지 않았을 것이며 실제로 절대 행해서는 안 되었을 일을 이 기쁜 사건의 원인으로 규정하는 것이 옳은 일일까? 성 이삭은 하나님께서 인간이 되신 것을 회복의 행위나 인간의 죄에 대한 반응으로만 이해할 것이 아니라 보다 근본적으로 사랑의 행위, 하나님 자신의 본성의 표현으로 보아야 한다고 강조한다. 타락이 없었더라도, 무한히 개방적인 사랑을 지니신 하나님은 인간이 되심으로써 피조물과 동등하게 되는 일을 선택하셨을 것이다.

이런 식으로 보면, 그리스도의 성육신은 타락의 역전 이상의 것, 인간을 낙원에서의 원래 상태로 회복시켜 주는 것 이상의 효과를 지닌다. 하나님께서 인간이 되신 것은 단순히 과거로의 복귀가 아니라 인류 역사상 근본적으로 새로운 단계의 시작이다. 성육신은 인간을 새로운 수준으로 올려준다. 마지막 상태가 최초의 상태보다 훨씬 더 고귀하다. 예수 그리스도 안에서만 우리는 인간 본성의 완전한 가능성들이 계시되는 것을 본다. 그리스도께서 탄생하시기 전까지 우리 인격의 참된 의미는 아직 감추어져 있었다. 성 바실의 표현을 빌리자면, 그리스도의 탄생은 "온 인류의 생일이다."[4] 그리스도는 최초의 완전한 인간-다시 말해서 아담이 타락 이전의 무죄한 상태에서 그랬던 것처럼 잠재적인 의미에서만 아니라 완전히 실현된 "모양"(likeness)이라는 의미에서 완전한 인간-이시다. 그러므로 성육신은 단순히 원죄의 결과들을 취소하는 방법이 아니라, 인간이 하나님의 형상(image)에서 하나님의 모양(likeness)으로 진보해 가는 영적 여행의 근본 단계이다. 하나님의 참된 형상과 모양은 그리스도이시다. 그리고 인간이 하나님의 형상으로 지음을 받은 최초의 순간에, 그리스도의 성육신은 어떤 방식으로든지 이미 함축되어 있었다. 그러므로 성육신의 참된 원인은 인간의 죄악 됨에 있는 것이 아니라 하나님의 형상으로 지음을 받았으며 하나님과 연합할 수 있도록 지음을 받은 존재로서의 그의 타락하지 않는 본성 안에 있다.

둘인 동시에 하나

성육신에 관한 정교회의 믿음은 성가 작가인 성 로마노스(St. Romanos)가 지은 찬양송의 후렴에 요약되어 있다: "새로 탄생한 아기, 만세 전부

---

[4] St. Basil, *On the Nativity of Christ* (PG 31:1473A) (attributed to basil, but of uncertain authorship).

터 하나님이신 분."[5] 이 짧은 구절에는 다음과 같은 세 가지 주장이 포함되어 있다:

(1) 예수 그리스도는 온전하고 완전히 하나님이시다.
(2) 예수 그리스도는 온전하고 완전한 인간이시다.
(3) 예수 그리스도는 두 인격이 아니라 한 인격이시다.

이것은 에큐메니칼 공의회들에 의해서 아주 상세히 설명되었다. 일곱 차례의 공의회 중에서 처음 두 번의 공의회는 삼위일체의 교리에 관심을 가졌고, 나머지 다섯 차례의 공의회들은 성육신의 교리에 관심을 가졌다.

제3차 공의회(에베소 공의회, 431)는 동정녀 마리아를 데오토코스(Theotokos), "하나님의 어머니"라고 주장했다. 이 호칭에는 기본적으로 동정녀에 대한 주장이 아니라 그리스도에 대한 주장이 함축되어 있다: 하나님께서 탄생하셨다. 동정녀는 로고스라는 거룩한 위격과 결합한 인간의 어머니가 아니라, 하나님인 동시에 인간이신 분의 어머니이다.

제4차 공의회(칼케돈 공의회, 451)는 예수 그리스도 안에 두 개의 본성이 있다고 선언했다. 하나는 신성이고 나머지 하나는 인성이다. 그리스도는 신적 본성에 따르면 아버지이신 하나님과 "동일본질"(*homoousios*)이시고, 인간적인 본성에 따르면 우리 인간들과 동일 본질이시다. 신적 본

---

5) St. Romanos the Melodist: in *The Festal Menaion*, p. 277.

성에 따르면, 그분은 완전하고 충분하신 하나님이시다: 그는 삼위일체의 제2위격, 만세 전부터 아버지에게서 탄생하셨으며 영원하신 아버지의 독생자이신 영원하신 아들이시다. 한편 인간적인 본성에 따르면 그분은 완전하고 충분하신 인간이시다. 베들레헴에서 동정녀 마리아에게서 태어난 그분은 우리와 동일한 몸뿐만 아니라 인간의 영혼과 지성도 소유하고 계셨다. 그러나 성육하신 그리스도는 "두 본성" 안에 존재하시지만, 하나의 몸 안에 공존하는 두 개의 인격이 아니라 나누이지 않는 하나의 단일한 인격이시다.

제5차 공의회(콘스탄티노플 공의회, 553)는 제3차 공의회에서 주장한 것을 발달시켜, "삼위 중 한 위격이 육체 안에서 고난을 당하셨다"고 가르쳤다. 하나님께서 탄생하셨다고 말하는 것이 정당하듯이, 하나님이 죽으셨다고 말할 수도 있다. 물론 각각의 경우에, 우리는 이것이 인간이 되신 하나님에 대한 언급임을 명시해야 한다. 초월적 존재이신 하나님은 탄생이나 죽음에 예속되지 않으신다. 그러나 성육하신 로고스는 그것들을 겪으셨다.

제6차 공의회(콘스탄티노플 공의회, 680-681)는 제4차 공의회에서 말했던 것을 취하여, 그리스도 안에 신성과 인성이 존재하듯이 그리스도 안에는 신적인 의지뿐만 아니라 인간적인 의지도 존재한다고 주장했다. 만일 그리스도께서 우리와 동일한 인간적인 의지를 소유하시지 않는다면, 우리와 같은 참된 인간일 수가 없을 것이다. 그런데 이 두 개의 의지는 서로 반대가 되거나 대조가 되는 것이 아니다. 인간적인 의지는 때때로 거리낌 없이 신적인 의지에 복종한다.

제7차 공의회(니케아 공의회, 787)는 제4차 공의회의 주장에서 한 걸음 더 나아가 그리스도께서 참된 인간이 되셨으므로 거룩한 성상에 그의 얼굴을 묘사하는 것이 합당하다고, 그리고 그리스도는 두 인격이 아니라 한 인격이므로 이러한 성상들은 신성으로부터 분리된 인성을 보여 주는 것이 아니라 성육하신 영원한 로고스라는 한 인격을 보여 준다고 선포했다.

이처럼 삼위일체의 교리와 성육신의 교리 사이에는 기술적인 규정상의 차이가 있다. 삼위일체의 교리에서, 우리는 세 위격 안에 하나의 특수한 본질 혹은 본성이 있으며, 이와 같은 특수한 본질의 통일성 때문에 삼위는 하나의 의지 혹은 에너지만 소유한다고 주장한다. 반면에 성육하신 그리스도는 두 개의 본성, 즉 신성과 인성을 소유하지만 인간이 되신 영원하신 로고스라는 하나의 인격만 존재한다. 삼위일체의 세 위격은 하나의 의지와 에너지만 소유하는 반면에, 성육하신 그리스도라는 한 인간은 그 두 본성에 의지하는 두 개의 의지와 에너지를 소유하신다. 성육하신 그리스도 안에는 두 개의 본성과 두 개의 의지가 존재하지만, 그 때문에 그의 인격의 통일성이 파괴되지는 않는다. 그리스도께서 복음서에서 말씀하시고 행하시고 당하신 모든 일은 하나의 동일한 주체, 즉 시간과 공간 안에서 인간으로 탄생하신 영원하신 하나님의 아들의 것으로 간주되어야 한다.

신인(神人)이신 그리스도에 대한 공의회의 정의들의 근저에는, 구원에 관한 두 가지 기본 원리가 놓여 있다. 첫째, 하나님만이 구원하실 수 있다. 의로운 선지자나 교사가 세상의 구속자가 될 수는 없다. 그러므로 만일 그리스도가 구주가 되시려면, 완전하고 충분한 하나님이셔야 한다. 둘째, 구원은 인간적인 필요의 지점에 도달해야만 한다. 그리스도가 우리처럼 완전하고 충분한 인간일 때에만, 우리는 그가 우리를 위해 행하신 일에 동참할 수 있을 것이다.

그러므로 아리우스파의 주장처럼 그리스도를 인성과 신성 사이의 중간 시대에 위치한 일종의 반-신(Demi-God)으로 간주하는 것은 우리의 구원 교리에 치명적이 될 것이다. 그리스도교적인 구원 교리는 우리가 과격주의자(maximalist)가 될 것을 요구한다. 우리는 그리스도를 "반반씩 섞인 존재"로 생각해서는 안 된다. 예수 그리스도는 절반은 하나님이고 절반은 인간이신 분이 아니라, 백 퍼센트 완전한 하나님이시요 백 퍼센트 완전한 인간이시다. 대 레오(Leo the Great)의 말에, 그분은 "자신의 본질 안에서 완전하시고, 우리의 본질 안에서 완전하시다"(*totus in suis, totus in nostris*)[6]라는 말이 있다.

그분 자신의 본질 안에서 완전하시다: 예수 그리스도는 하나님의 영역을 들여다 볼 수 있는 창문으로서, 하나님이 어떤 분이신지를 보여 주신다. "본래 하나님을 본 사람이 없으되 아버지 품 속에 있는 독생하신 하나님이 나타내셨느니라"(요 1:18).

인간적인 본성에 있어서 완전하시다: 예수 그리스도는 둘째 아담으로서 우리의 인간성의 참된 특성을 보여 주신다. 하나님만이 완전한 인간

---

[6] St. Leo the Great, *Tome to Flavian* 3, tr. Edward Rochie Hardy and Cyril C. Richardson, *Chrostology of the Later Fathers* (The Library of Christian Classics, vol. iii: SCM, London, 1954), p. 363.

이시다.

하나님은 누구신가? 나는 누구인가? 예수 그리스도는 이 두 가지 질문에 대한 대답을 주신다.

동참으로서의 구원

그리스도교 구원의 메시지를 동참(sharing), 일치(solidarity), 동등화(identification)라고 요약할 수 있을 것이다.

동참이라는 개념은 삼위일체이신 하나님의 교리 및 인간이 되신 하나님의 교리에 동시에 적용되는 핵심 개념이다. 삼위일체의 교리에서는, 인간이 다른 사람들에게 동참할 때에만 인격적인 존재인 것처럼 하나님도 홀로 거하는 하나의 위격이 아니라 완전한 사랑 안에서 각 위격들의 생명을 공유하는 세 위격이라고 주장한다. 성육신은 동참 혹은 참여의 교리이다. 그리스도는 우리의 존재에 완전히 동참하시며, 우리로 하여금 그분의 신적인 생명과 영광에 동참할 수 있게 해 주신다. 그분은 우리를 자신과 같은 존재로 만들기 위해서 우리와 같이 되셨다.

사도 바울은 이것을 은유적으로 부요함과 가난에 의해 표현한다:

"우리 주 예수 그리스도의 은혜를 너희가 알거니와 부요하신 자로서 너희를 위하여 가난하게 되심은 그의 가난으로 말미암아 너희를 부요하게 하려 하심이라"(고후 8:9).

그리스도의 부요함은 그의 영원한 영광이다; 그리스도의 가난은 그가 자신을 우리 타락한 인간들의 상태와 완전히 동등하게 하심이다. 정교회 찬양송에 "당신께서는 우리의 가난에 완전히 동참하시사 우리의 흙으로 된 본성과 연합하시고 동참하심으로써 우리의 본성을 거룩하게 하셨습니다"[7]라는 구절이 있다. 그리스도께서 우리의 죽음에 동참하시고, 우리는 그분의 생명에 동참한다. 그분은 자기를 비우시며, 우리는 존귀하게 된다(빌 2:5-9). 하나님이 내려오심으로써 인간이 올라갈 수 있게 된다. 참회자 막시무스는 "무한하신 분께서 말로 형언할 수 없이 자신을 제한하시며, 반면에 유한한 자는 무한히 확대된다"[8]고 했다.

그리스도께서는 마지막 만찬 때에 이렇게 말씀하셨다:

"내게 주신 영광을 내가 그들에게 주었사오니 이는 우리가 하나가 된 것 같이 그들도 하나가 되게 하려 함이니이다 곧 내가 그들 안에 있고 아버지께서 내 안에 계시어 그들로 온전함을 이루어 하나가 되게 하려 함은 아버지께서 나를 보내신 것과 또 나를 사랑하심 같이 그들도 사랑하신 것을 세상으로 알게 하려 함이로소이다"(요 17:22-23).

그리스도는 우리로 하여금 아버지의 영광에 동참할 수 있게 해 주신다. 그분은 결속점이요 합류점이시다. 그분은 인간이시기 때문에 우리와 하나이며, 하나님이시기 때문에 아버지와 하나이시다. 그러므로 우

---

7) *The Festal Menaion*, p. 275.
8) St. Maximus the Confessor, *Letter* 21 (PG 91: 604BC).

리는 그리스도로 말미암아 그리스도 안에서 하나님과 하나가 되며, 아버지의 영광이 우리의 영광이 된다. 하나님의 성육신은 인간의 신화(神化)에 이르는 길을 열어 준다. 보다 구체적으로 말하자면 신화한다는 것은 "그리스도화" 하는 것이다. 우리가 부름받은 바 획득해야 할 "모양"은 그리스도의 모양이다. 우리는 신인이신 예수를 통해서 신화되며, 신성한 성품에 참여하는 자가 된다(벧후 1:4). 본질상 하나님의 아들이신 그리스도는 우리의 인성을 취하심으로써 은혜로 우리를 하나님의 아들로 만드셨다. 그리스도 안에서 우리는 아버지 하나님의 양자가 된다.

동참으로서의 구원이라는 개념에는 성육신에 관한 두 가지 사실이 함축되어 있다. 첫째, 그것은 그리스도께서 우리와 동일한 몸뿐만 아니라 우리와 동일한 정신과 영과 혼을 취하셨음을 함축한다. 죄의 근원은 낮은 곳에 있는 것이 아니라 위에 있다. 그것은 근원적으로 육적인 것이 아니라 영적인 것이다. 인간에게 있어서 그러므로 구속함을 받아야 하는 것은 대체로 그의 몸이 아니라 의지 및 도덕적 선택의 중심이다. 만일 그리스도께서 인간의 정신을 소유하지 않으셨다면 이것은 구원의 두 번째 원리, 즉 하나님의 구원은 인간의 필요라는 점에 도달해야 한다는 사실을 치명적으로 손상시킬 것이다.

이 원리의 중요성은 4세기 후반 아폴리나리우스(Apollinarius)가 그리스도는 성육신 때에 인간의 몸만 취하셨지 지성이나 이성적인 영은 취하시지 않았다는 이론-이 때문에 그는 이단으로 정죄되었다-을 개진했을 때에 다시 강조되었다. 이에 대해 신학자 그레고리(St. Gregory the Theologian)는 "인수되지 않은 것은 치료되지 않는다"[9]라고 대답했다.

다시 말해서 그리스도는 우리와 같이 되심으로써 우리를 구원하시며, 우리의 깨진 인성을 취하셔서 자신의 것으로 삼으심으로써, 우리의 인간적인 경험에 들어오셔서 그것을 철저히 아심으로써 우리를 치료하신다. 만일 그분이 우리의 인성에 참여하신 일이 불완전한 것이었다면, 인간의 구원 역시 불완전했을 것이다. 그리스도께서 우리에게 완전한 구원을 가져다 주셨음을 믿는다면, 그분이 우리의 모든 것을 취하신 것이 된다.

둘째, 동참으로서의 구원의 개념에는 그리스도께서 타락하지 않은 인간의 본성뿐만 아니라 타락한 본성까지도 취하셨다는 의미가 함축되어 있다(물론 많은 사람들이 공개적으로 이렇게 말하기를 주저한다). 히브리서에서는 다음과 같이 말한다(신약성경에서 이것이 가장 중요한 기독론적인 본문이다):

"우리에게 있는 대제사장은 우리의 연약함을 동정하지 못하실 이가 아니요 모든 일에 우리와 똑같이 시험을 받으신 이로되 죄는 없으시니라"
(히 4:15).

그리스도는 세상의 타락이라는 상황 아래서 생활하신다. 그분은 죄악 된 인간이 아니지만, 타락한 인간과 결합되었기 때문에 아담의 죄의 결과들을 완전히 받아들이신다. 그분은 피곤, 육체의 고통, 궁극적으로

---

9) St. Gregory the Theologian, *Letter* 101, to *Cledonius*, §32, ed. Paul Gallay (Sources chrétiennes 208: Paris, 1974), p. 50, tr. Hardy and Richardson, *Christology of the Later Fathers*, p. 218.

죽어 영과 육이 분리되는 것 등 육체적인 결과들만 받아들이시는 것이 아니다. 고독, 소외, 내적 갈등과 같은 도덕적인 결과들도 받아들이신다. 이 모든 것을 살아 계신 하나님께 전가하는 것이 뻔뻔스러운 행동처럼 보일 수도 있겠지만, 성육신의 일관적인 교리는 바로 그것을 요구한다. 만일 그리스도께서 인간의 타락한 본성만 취하시고 낙원에서의 아담과 같은 상황에서 세상 생활을 하셨다면, 그분은 우리의 연약한 감정에 접촉하지 못하셨을 것이며 매사에 우리와 동일한 시험을 받지 못하셨을 것이다. 그런 경우에, 그분은 우리의 구주가 되시지 못할 것이다.

사도 바울은 "하나님이 죄를 알지도 못하신 이를 우리를 대신하여 죄로 삼으셨다"(고후 5:21)고 했다. 여기에서 우리는 사법적인 관행에 의해 생각하여, 본래 죄가 없으신 그리스도께서 어떤 외적인 방법으로 우리의 죄를 자신에게 전가하셨다고 생각해서는 안 된다. 여기에는 그 이상의 의미가 포함되어 있다. 그리스도께서는 죄악 된 세상에서 생활하심으로 말미암아 우리가 내면적으로 당하는 모든 것을 경험하심으로써 우리를 구원하신다.

동정녀에게서의 탄생의 이유?

신약성경은 예수 그리스도의 모친이 동정녀였다고 분명히 말한다(마 1:18, 23, 25). 주님에게는 하늘에 영원하신 아버지가 계셨지만, 지상에서는 아버지가 없었다. 그분은 시간 밖에서는 어머니가 없이 아버지로부터 잉태되셨으며, 시간 안에서는 아버지가 없이 어머니에게서 잉태되셨다. 이 동정녀 탄생에 대한 믿음은 결코 그리스도의 인성의 충만함을 손상시키지 않는다. 비록 예수의 모친은 처녀였지만, 진정으로 인간 아기의 실질적인 탄생이 있었다.

그러나 우리는 인간으로서의 그분의 탄생이 왜 이렇게 특별한 형태를 취해야 했는지 그 이유를 묻는다. 이 질문에 대해서, 어머니의 동정(童貞)이 아들의 특별함을 나타내는 하나의 "표적" 역할을 한다고 답변할 수 있다. 그것은 세 가지 밀접하게 연결된 방법으로 그 일을 행한다. 첫째, 그리스도에게 세상적인 아버지가 없다는 사실은 곧 그가 항상 시간과 공간이라는 상황을 초월하여 자신의 거룩하고 영원한 근원을 가리킨다는 사실을 의미한다. 동정녀의 아들은 참된 인간이지만, 단순히 인간에 불과하지는 않다. 그는 역사 안에 존재하지만 동시에 역사를 초월한다. 동정녀 탄생은 그분이 내재적이지만 동시에 초월적이라는 것, 완전한 인간이지만 또한 완벽한 하나님이라는 것을 강조한다.

둘째, 그리스도의 모친이 동정녀라는 사실은 성육신에 한 새로운 인간이 존재하게 된 것을 포함하지 않는다는 사실을 강조한다. 일반적으로 아버지와 어머니에게서 아기가 탄생할 때에, 새로운 인간이 존재하기 시작한다. 그러나 성육하신 그리스도의 인격은 바로 성삼위일체의 제2위격이다. 그러므로 그리스도의 탄생 때에 새로운 인격이 존재하기 시작한 것이 아니라 선재하시던 하나님의 아들의 인격이 신적인 존재 양식은 물론이요 인간적인 존재 양식에 따라서 살기 시작했다. 따라서 동정녀에게서의 탄생은 그리스도의 영원한 선재(先在)를 반영한다.

성육하신 그리스도의 인격은 로고스의 인격과 동일하므로, 동정녀 마리아에게 데오토코스(*Theotokos*)라는 호칭을 부여한 것은 정당한 일일 것이다. 마리아는 거룩한 성자와 결합되어 있는 한 인간 아들의 어머니가 아니라 하나님의 독생자이신 아들의 어머니이다. 성모의 아들은 거룩한 하나님의 아들과 동일인이다. 그러므로 성육신에 의해서 성모 마리아는 진실로 "하나님의 어머니"이다.

정교회에서는 그리스도의 어머니이신 복된 동정녀의 역할을 크게 존중하지만 "성모 마리아의 원죄 없는 잉태"(Immaculate Conception) 교리의 필요성은 느끼지 않는다. 1854년에 로마 가톨릭 교회에서 정의한 이 교리는 마리아가 그의 모친인 성 안나(St. Anne)에 의해 잉태되는 순간부터 "원죄의 모든 흔적"이 없었다고 주장한다. 여기에서 두 가지를 염두에 두어야 한다. 첫째, 정교회에서는 타락을 어거스틴의 관점에서처럼 "유전된 죄악의 오염"으로 보지 않는다. 만일 정교회에서 원죄에 대한 가톨릭교회의 견해를 받아들였다면, 우리도 역시 "성모 마리아의 원죄 없는 잉태"의 교리를 인정해야 할 필요를 느꼈을 것이다. 그러나 우리가 언급하는 조건은 다르다. 우리가 볼 때에 가톨릭의 교의는 매우 잘못된 것이고 또한 불필요하다. 둘째, 정교회 신앙에서 동정녀 마리아는 세례 요한과 더불어 옛 계약에 따른 성성의 절정이다. 성모 마리아는 "연결해 주는" 인물이다. 마리아는 구약성경의 의인들 중 마지막이요 최고의 인물이며, 동시에 사도적 교회의 감추어진 핵심이다(행 1:14을 보라). 그러나 "원죄 없는 잉태"의 교리는 동정녀 마리아를 옛 언약에서 떼어내어 미리 새 언약 안에 완전히 위치시키는 것처럼 보인다. 가톨릭교회의 가르침에서 성모 마리아의 지위는 구약성경의 다른 성인들과 동일하지 않으며, "연결해 주는 인물"로서의 역할이 손상된다.

정교회에서는 "성모의 원죄 없는 잉태"라는 교리를 받아들이지는 않지만, 성찬 예배 때에 "흠 없는"(*achrantos*), "지극히 거룩한"(*panagia*), "전혀 더러움이 없는"(*panamomos*) 하나님의 어머니께 기도한다. 정교회에서는, 성모 마리아가 죽은 후에 아들이신 그리스도에 의해 영혼과 몸을 가지고서 영원한 영광 중에서 아들과 함께 거하신다고 믿는다. 정교회의 신앙에서 성모 마리아는 "모든 창조의 기쁨"이며(대 성 바실의 성찬 기도문), "인류의 정수요 천국의 문"이요(Dogmatikon in Tone One), "온 세상의 귀중한 보물"이다(알렉산드리아의 키릴). 우리는 시리아인 성 에프렘(St. Ephrem the Syrian)의 말에 동의한다:

오, 그리스도여,
당신은 모친과 함께 홀로 모든 면에서 아름다우십니다.
내 주여, 당신에게는 흠이 없으시며,
당신의 모친에게는 더러움이 없습니다.[10]

이것을 보면, 정교회의 신학과 기도에서 거룩한 동정녀에게 얼마나 존귀한 지위를 부여하는지 알 수 있다. 정교회의 입장에서 보면, 성모 마리아는 인류가 하나님께 드리는 최고의 봉헌물이다. 성탄절 찬양송가

---

10) St. Ephrem the Syrian, *Carmina Nisbena*, ed. G. Bickell(Leipzig, 1866), p. 122.

에 다음과 같은 내용이 있다:

> 우리를 위해 인간으로 세상에 오신 그리스도여
> 우리가 무엇을 당신께 바치리이까?
> 당신의 모든 피조물들이 감사를 바치나이다.
> 천사들은 찬양을, 하늘은 별을, 박사들은 예물을, 목자들은 경배를, 땅은 동굴을, 초원은 구유를 바치고,
> 우리는 동정이신 어머니를 바치나이다.[11]

죽기까지 순종하심

그리스도의 성육신 자체가 이미 구원의 행동이다. 그리스도께서는 우리의 깨진 인성을 취하심으로써 그것을 회복시키시며, 성탄절 찬양송가 가사처럼 "타락한 형상을 들어 올리신다." 그러나 그 경우에, 십자가 위에서의 죽음이 왜 필요했을까? 삼위 하나님 중 한 위격이 세상에서 인간으로서 죽지 않고, 인간으로서 살고 생각하고 느끼며 원하는 것만으로 충분하지 않았을까?

타락하지 않은 세상에서라면, 그리스도의 성육신은 하나님의 개방적인 사랑의 완벽한 표현으로 충분할 것이다. 그러나 타락하고 죄악된 세

---

11) *The Festal Menaion*, p. 254.

상에서, 하나님의 사랑은 그보다 훨씬 더 멀리 뻗어야 했다. 죄와 악이 존재하기 때문에, 인간의 회복 사역은 무한히 귀중한 것임이 입증되어야 했다. 치료의 희생적 행위, 오직 고난과 십자가에 달리신 하나님만이 제공하실 수 있는 희생이 요구되었다.

성육신은 동일화와 동참의 행위이다. 하나님은 자신을 우리와 동일화하심으로써, 인간의 경험을 속속들이 아심으로써 우리를 구원하신다. 십자가는 이와 같은 동참의 행위가 최대한으로 수행된다는 것을 의미한다. 성육하신 하나님은 우리의 모든 경험 안에 들어오신다. 우리의 동반자이신 예수 그리스도는 인간적 생명의 충만함뿐만 아니라 인간적 죽음의 충만함에도 동참하신다. "그는 실로 우리의 질고를 지고 우리의 슬픔을 당하였거늘"(사 53:4). "예수께서 취하시지 않은 것은 치유되지 않는다." 우리의 치료자이신 예수께서는 모든 것, 심지어 죽음까지도 취하셨다.

죽음에는 육체적인 면과 영적인 면이 있으며, 둘 중에서 영적인 것이 더 두렵다. 육적인 죽음은 인간의 몸이 그 영혼으로부터 분리되는 것이고, 영적인 죽음은 인간의 영혼이 하나님으로부터 분리되는 것이다. 그리스도께서 죽기까지 복종하셨다는 말을(빌 2:8) 육체적인 죽음에만 적용되는 것으로 여겨서는 안 된다. 우리는 그리스도께서 당하신 육적인 고난-채찍에 맞으신 것, 무거운 십자가를 지시고 비틀거리신 것, 손과 발에 못 박히신 것, 갈증과 더위, 십자가에 달려서 낭하신 고통 등-만 생각해서는 안 된다. 예수께서 당하신 고난의 참된 의미는 이러한 육적인 고난에서가 아니라 영적인 고난-예수께서 느끼신 실패감, 고독, 완전히 버림을 받았다는 느낌, 사랑을 주었지만 거부당하는 데 따른 고통-에서 더욱 크게 발견된다.

　복음서에서는 예수님의 내적 고난에 대해서 침묵하지만, 약간의 암시들을 제공한다. 첫째, 겟세마네 동산에서 두려움과 실망에 빠져 번민하면서 "만일 할 만하시거든 이 잔을 내게서 지나가게 하옵소서"(마 26:39)라고 기도하실 때, 그리고 엎드려 기도하시면서 떨어지는 핏방울같이 땀을 흘리셨을 때(눅 22:44) 예수께서 느끼신 고통이 있다. 키에프의 안토니 총대주교가 주장하는 것처럼, 겟세마네는 정교회의 구속의 교리를 이해하는 열쇠를 제공한다. 여기에서 그리스도는 하나의 선택에 직면하신다. 죽음을 택하라는 강압을 받지 않은 상태에서, 그리스도는 죽음을 자원하여 선택하신다. 그리고 이렇게 자발적으로 자신을 제물로 드리는 행동에 의해서 그리스도는 자의적인 폭력, 사법적인 살인이 될 뻔했던 것을 구속적인 희생으로 변화시키신다. 그러나 이 자유 선택의 행동은 엄청나게 어려운 것이었다. 윌리엄 로(William Law)의 말을 빌리자면, 예수님은 붙잡혀 십자가 처형을 당하기로 결심하시면서, "버림받은 영혼의 두려움…영원한 죽음의 실체"를 경험하신다. 겟세마네에서 "내 마음이 매우 고민하여 죽게 되었다"(마 26:38)라고 하신 말씀에 비중을 두어야 한다. 예수께서는 이 순간 완전히 영적 죽음의 경험을 하셨다. 예수는 자신을 인류의 모든 절망과 정신적 고통과 동화시키고 계셨다. 이 동화는 그분이 우리의 육적 고통에 참여하신 것보다 훨씬 더 중요하다.

　두 번째 암시는 십자가 처형 때에, 그리스도께서 "나의 하나님 나의 하나님 어찌하여 나를 버리시나이까"(마 27:46)라고 큰 소리로 외치신 데서 주어진다. 이 말에도 비중을 두어야 한다. 이때 그리스도는 사람들뿐만 아니라 하나님으로부터 버림을 받았다고 느끼셨기 때문에 외로움의 절정에 이르셨다. 우리는 스스로 살아 계신 하나님이신 분이 어떻게 신적 임재의 의식을 상실할 수 있는지 설명할 수 없다. 그리스도의 수난 안에는 연극 공연이 없다. 다시 말해서 겉으로 드러내 보이기 위해서 행해지는 것은 하나도 없다. 십자가에서 하신 단어 하나하나는 문자 그대로의 뜻을 나타낸다. 만일 "나의 하나님 나의 하나님…"이 어떤 의미를 지닌다면, 그것은 이 순간 예수께서 진실로 하나님으로부터의 분리라는 영적 죽음을 경험하고 계셨음을 의미할 것이다. 예수는 우리를 위해서 피를 흘리셨을 뿐만 아니라 하나님의 상실까지도 받아들이셨다.

"그는 음부로 내려가셨다"(니케아 신경). 이것은 그리스도께서 성 대 금요일부터 부활절 아침 사이의 기간에 죽은 영들에게 전도하러 가셨다는 것을 의미하는가?(벧전 3:19). 거기에는 보다 심오한 의미가 들어 있다. 음부란 공간적인 장소가 아니라 영혼 안에 있는 한 지점이다. 그것은 하나님이 계시지 않는 곳이다. (그런데도 하나님은 모든 곳에 임재해 계시다). 만일 그리스도께서 정말로 음부에 내려가셨다면, 그것은 그분이 하나님의 부재라는 심연으로 내려가셨음을 의미한다. 그리스도는 완전히 조건 없이 스스로를 인간의 모든 고통과 소외에 동화시키셨다. 그분은 그것을 자기 것으로 삼으셨으며, 그렇게 하심으로써 그것을 치료하셨다. 그것을 자기 깃으로 삼는 것 외에는 치료할 방법이 없었다.

이것이 십자가가 우리에게 주는 메시지이다. 비록 사망의 음침한 골짜기를 통과해야 한다고 해도, 나는 결코 외롭지 않다. 나에게는 동반자가 있다. 이 동반자는 나처럼 참된 인간일 뿐만 아니라 참 하나님에게서 나오신 참 하나님이시다. 십자가에 달려 큰 치욕을 당하실 때의 그리스도는 다볼 산에서 영광 중에 모습이 변화될 때와 마찬가지로 영원하시고 살아 계신 하나님이시다. 십자가에 달리신 그리스도에게서 나는 고난당하는 인간뿐만 아니라 고난당하시는 하나님을 본다.

죽음: 승리

십자가 상에서의 그리스도의 죽음은 부활 후에 어떻게 해서인지 바로 잡힌 실패가 아니다. 십자가 상에서의 죽음은 본질상 승리이다. 무엇의 승리인가? 대답은 오직 하나이다:고통하는 사랑의 승리이다. "사랑은 죽음같이 강하고…많은 물도 이 사랑을 끄지 못하겠고"(아 8:6-7). 십자가는 죽음 같이 강한 사랑, 그보다 한층 더 강한 사랑을 우리에게 보여 준다.

사도 요한은 마지막 만찬과 수난에 대한 기사를 다음과 같은 말로 시작한다:

"세상에 있는 자기 사람들을 사랑하시되 끝까지 사랑하시니라"(요 13:1).

"끝까지"(헬라어로는 *eis telos*)란 "마지막까지", "최고조로"라는 의미이다. 그리스도께서는 십자가에서 마지막으로 외치실 때에 이 *telos*라는 단어를 사용하셨다: "다 이루었다"(*tetelestai*, 요 19:30). 이것은 체념이나 절망의 외침이 아니라 승리의 외침으로 이해되어야 한다.

그러면 무엇이 이루어졌는가? 고난하는 사랑의 사역, 미움을 정복한 사랑의 승리이다. 우리 하나님이신 그리스도께서는 자기 사람들을 끝까지 사랑하셨다. 그분은 사랑 때문에 세상을 창조하셨고, 사랑 때문에 인간이 되어 세상에 태어나셨고, 사랑 때문에 우리의 상한 인성을 취하셔서 자기 것으로 삼으셨다. 사랑 때문에, 우리의 모든 고난에 스스로를 동화시키셨다. 사랑 때문에 자신을 제물로 바치시고, 겟세마네에서 자발적으로 고난을 받기로 결심하셨다: "나는 양을 위하여 목숨을 버리노리…이를 내게서 빼앗는 자가 있는 것이 아니라 내가 스스로 버리노라" (요 10:15, 18). 예수께서는 외적인 강압 때문이 아니라 자원하는 사랑 때문에 죽음을 택하셨다. 예수께서 동산에서 고민하실 때, 그리고 십자가에 달리셨을 때에 어둠의 세력들이 그분을 공격했지만, 그들은 그분의 긍휼을 미움으로 바꿀 수 없었다. 그들은 그의 사랑이 지속되는 것을 막을 수 없었다. 예수님의 사랑은 크게 시험을 받았지만 거기에 압도되지 않았다. "빛이 어둠에 비치되 어둠이 깨닫지 못하더라"(요 1:5). 어느 러시아인 사제가 포로 수용소에서 석방될 때에 한 말을 십자가 위에서 거둔 그리스도의 승리에 적용할 수 있을 듯하다: "고난은 모든 것을 파괴했습니다. 그러나 단 하나가 굳건히 서 있었는데, 그건 사랑이었습니다."

승리로서 이해된 십자가는 사랑의 전능이라는 역설을 우리 앞에 둔다. 도스토에프스키는 소시마의 말을 통해서 그리스도의 승리의 참된 의미에 접근한다:

사람은 어떤 생각 앞에서는 당황하는데, 특히 인간의 죄를 볼 때에 당황한다. 그리고 힘에 의해서 그것과 싸워야 하는지, 아니면 겸손한 사랑에 의해서 싸워야 하는지 알고 싶어한다. 만일 당신이 그 문제를 영구히 결정한다면, 온 세상을 정복할 수 있다. 사랑의 겸손은 무서운 힘이다. 그것은 모든 것 중에서 가장 강력한 것이며, 그와 비슷한 것은 전혀 없다.[12]

사랑 깊은 겸손은 무섭게 강한 힘이다: 우리가 거역하는 태도로 앙심을 품지 않고 자발적으로 사랑에서 우러나서 어떤 일을 하거나 포기한다면, 그것 때문에 우리가 약해지는 것이 아니라 오히려 강해진다. 특히 예수 그리스도의 경우가 그렇다. 어거스틴은 "그의 약함은 강한 것이었다"고 말했다. 하나님의 능력은 이 세상의 창조나 그가 행하신 기적에서 나타나는 것이 아니라 하나님께서 사랑에서 우러나 자신을 비우시고 (빌 2:7), 고난을 받고 죽기로 자발적으로 선택하심으로써 관대하게 자신을 주신 일에서 드러난다. 이 자기-비움은 자기-채움(충만)이다: *kenosis*는 *plerosis*이다(비우는 것이 곧 채우는 것이다). 하나님은 가장 약하실 때에 가장 강하시다.

사랑과 비움은 단순한 주관적인 감정으로서 그것을 경험하는 사람들의 내적 우주에 영향을 끼치는 데 그치는 것이 아니라, 객관적인 힘으로서 우리 외부의 세상을 변화시키기도 한다. 나는 다른 사람을 사랑하거

---

12) Dostoevsky, *The Brothers Karamazov*, vol. i, p. 376.

나 미워함으로써, 상대방으로 하여금 어느 정도 내가 그 안에서 보는 존재가 되게 만든다. 나 자신만을 위해서가 아니라 주위 사람들의 삶과 관련하여 내 미움은 파괴적이고, 내 사랑은 창조적이다. 나의 사랑이 그럴진대, 그리스도의 비할 수 없이 큰 사랑은 더욱 그럴 것이다. 십자가 위에서 거둔 고통하는 사랑의 승리는 나에게 하나의 본보기가 될 뿐만 아니라, 내가 스스로의 노력에 의해서 그분을 본받으려 할 때에 성취하게 될 것을 보여 주기도 한다. 그밖에 그분의 고통하는 사랑은 나에게 창조적인 영향을 미쳐 내 마음과 뜻을 변화시켜 주며, 나를 속박에서 풀어주며, 온전하게 해주며, 먼저 주께서 나를 사랑하지 않으셨다면 전혀 불가능했을 방법으로 사랑할 수 있게 해준다. 사랑 안에서 주님이 나와 동화되셨기 때문에, 주님의 승리는 곧 나의 승리이다. 성 바실의 성찬 기도에서 묘사하는 것처럼, 그리스도께서 십자가에서 당하신 죽음은 "생명을 창조하는 죽음"이 된다.

그러므로 그리스도의 고난과 죽음은 객관적인 가치를 지닌다: 그분이 없으면 우리가 전혀 할 수 없는 일을, 그분은 우리를 위해서 행하셨다. 우리는 그리스도께서 "우리를 대신하여" 고난 받으셨다고 말하지 말고 "우리를 위하여" 고난 받으셨다고 말해야 한다. 하나님의 아들이 죽기까지 고난을 받으신 것은 우리를 고난에서 면하게 해주기 위해서가 아니라 우리의 고난이 그의 고난을 닮게 하기 위해서였다. 그리스도는 고난을 돌아가는 길이 아니라 고난을 통과하는 길을, 대체물이 아니라 구원하는 동반자 관계를 우리에게 제공하신다.

이것이 그리스도의 십자가가 우리를 위해 지니는 가치이다. 십자가 고난에 선행하는 성육신과 변화산에서의 변모를 그 후에 발생한 부활과 연결하여 보면(이것들 모두는 하나의 행위 혹은 드라마를 구성하는 분리할 수 없는 부분들이다), 십자가 처형은 최고의 완전한 승리요 희생이요 본보기라고 이해되어야 한다. 그리고 각각의 경우에 승리와 희생과 본보기는 고통하는 사랑의 그것이다. 그러므로 우리는 십자가 안에서 사랑 깊은 겸손이 미움과 두려움에 대해 거둔 완벽한 승리를 보며; 사랑 깊은 긍휼에서 우러난 자발적인 자기 봉헌이나 완벽한 희생을 보며; 사랑의 창조적 능력의 완전한 본보기를 본다. 노리지의 줄리안은 다음과 같이 말했다:

> 그대는 이 일 속에서 주님의 의미를 배우려는가? 그것을 훌륭히 배우라: 사랑이 그의 의미였다. 누가 그것을 그대에게 보여 주었는가? 사랑이다. 무엇이 그분을 그대에게 보여 주었는가? 사랑이다. 무엇 때문에 보여 주었는가? 사랑 때문이다. 그것을 붙잡으라. 그러면 그 안에서 더 많은 것을 배우고 알게 될 것이다. 그러나 그대는 그 안에서 끝없이 다른 것을 알거나 배우지는 못할 것이다.…그래서 우리의 선하신 주 예수 그리스도는 "너는 내가 너를 위해 고난 당했다는 것을 기뻐하느냐?"라고 말씀하신다. 나는 "그렇습니다. 선하신 주님, 당신께 감사드립니다. 그렇습니다. 선하신 주님, 당신을 찬양합니다"라고 대답했다. 그러자 친절하신 주 예수는 "네가 기뻐하면, 나도 기쁘다. 내가 너를 위해 고난을 받은 것은 나에게 기쁨이요 축복이요 끝없는 만족이다. 만일 내가 더 많은 고난을 당해야 한다면, 기꺼이 그렇게 하련다"라고 말씀하셨다.[13]

부활하신 그리스도

우리 하나님이신 그리스도는 참 인간이시기 때문에, 십자가 위에서 완벽하게 인간적인 죽음을 맞으셨다. 그러나 그분은 참 인간이실 뿐만 아니라 참 하나님이시기 때문에 생명 자체이시며 생명의 근원이시기 때문에, 이 죽음은 궁극적인 결론이 아니었고, 또 그렇게 될 수도 없었다.

십자가 처형은 하나의 승리이다. 그 승리가 성 금요일에는 감추어져 있었고, 부활절 아침에 드러났다. 그리스도는 죽은 자들로부터 부활하셨으며, 부활에 의해서 우리를 걱정과 두려움에서 구원하신다. 십자가의 승리는 확증되었으며, 사랑은 미움보다 강한 것으로, 생명이 죽음보다 강한 것으로 나타난다. 하나님께서 죽으시고 죽은 자들로부터 부활하셨으므로, 더 이상 죽음은 없다. 죽음마저도 하나님으로 충만하다. 그리스도께서 부활하셨기 때문에 우리는 더 이상 우주 안에 있는 어둠의 세력이나 악한 세력을 두려워할 필요가 없다. 우리는 매년 부활절 자정 예배 때에 다음과 같은 성 요한 크리소스톰의 말을 빌려 선포한다:

구세주의 죽으심이 우리를 해방하셨으니
아무도 죽음을 두려워 말지어다.
그리스도께서 부활하시니 악들이 쓰러지고 마는도다.
그리스도께서 부활하시니 천사들이 기뻐 용약하는도다.[14]

---

13) Julian of Norwich, *Revelations of Divine Love*, chap. 86 and 22, ed. Hedleston, pp. 169 and 40.

여기에서도 정교회 신앙은 과격하다. 우리는 사도 바울처럼 "그리스도께서 만일 다시 살아나지 못하셨으면 우리가 전파하는 것도 헛것이요 또 너희 믿음도 헛것이라"(고전 15:14)고 말한다. 만일 그리스도교가 거짓 위에 토대를 두고 있다고 믿는다면, 우리가 어찌 그리스도교인일 수 있겠는가? 그리스도를 성육하신 하나님으로 취급하지 않고 단순히 선지자나 의로운 교사로 취급하는 것이 옳지 않듯이, 그리스도의 "영"이 어떻게 해서인지 제자들 가운데서 살았다고 말하는 것으로 대충 부활을 설명해 넘기는 것은 적절하지 못하다. "한 하나님에게서 나오신 참 하나님"이 아닌 자, 죽어 죽은 자들로부터 부활함으로써 부활을 정복하지 않은 자는 우리의 구원과 소망이 될 수 없다. 정교회에서는 그리스도의 인간적인 몸이 그의 인간적인 혼과 재결합했다는 의미에서, 그리고 빈 무덤이 발견되었다는 의미에서 진정 죽은 자들로부터의 부활이 있었다고 믿는다. 정교회에서 에큐메니컬한 대화에 참여할 때에, 현대 그리스도교인들 사이에 가장 의미심장한 분열 중 하나는 부활을 믿는 사람들과 믿지 않는 사람들 사이의 분열이다.

"너희는 이 모든 일의 증인이라"(눅 24:48). 부활하신 그리스도는 우리를 세상으로 내보내어 사람들에게 부활의 큰 기쁨을 나누어 주게 하신다. 알렉산더 슈메만(Alexander Schmemann)은 이렇게 기록했다:

> 그리스도교는 처음부터 기쁨, 즉 세상에서 가능한 유일한 기쁨의 선포

---

14) Paschal Homily: quoted in Lossky, *The Mystical Theology of the Eastern Church*, pp. 248-9.

였다.…이 기쁨의 선포가 없다면, 그리스도교를 이해할 수 없다. 그것은 교회가 세상에서 승리했다는 기쁨으로서, 그 기쁨을 상실할 때에, 그리고 그것을 선포하는 신뢰할 만한 증인이 되지 못할 때에는 세상을 상실하게 된다. 그리스도교인들에게 가해지는 비난 중에서 가장 두려운 것은 그리스도교에는 기쁨이 없다는 니체의 말이다.…복음은 "보라. 내가 온 백성에게 미칠 큰 기쁨의 좋은 소식을 너희에게 전하노라" (눅 2:10)로 시작되어 "그들이 그에게 경배하고 큰 기쁨으로 예루살렘에 돌아갔다"(눅 24:52)는 말로 끝난다. 우리는 이 큰 기쁨의 의미를 회복해야 한다.[15)]

어느 원로는 "겸손하게, 그리고 온유한 마음으로 예수의 이름을 널리 전파하라. 너의 연약함을 그에게 보이라. 그러면 그가 너의 힘이 될 것이다"라고 말하곤 했다.[16)]

사막 교부들의 금언

숨을 쉴 때마다 "나의 주 예수여, 나를 불쌍히 여기옵소서! 내 주 예수 그리스도시여, 내가 당신을 찬양합니다. 나를 도우소서!"라고 말하기

---

15) Alexander Schmemann, *For the Life of the World* (St. Vladimir's Seminary Press, New York, 1988), p. 24.
16) *The Sayings of the Desert Fathers,* tr. Waillis Budge, *The Paridise of Garden of the Holy Fathers,* vol. ii, p. 174.

는 정말 쉽다.[17]

이집트의 마카리우스

모든 희망, 계획, 습관, 계산, 그리고 특히 의미, 삶의 의미는 입을 크게 벌리고 있는 어두운 무덤 속으로 날아 들어간다. 의미(meaning)는 그 의미를 잃었고, 또 하나의 불가해한 의미(Meaning)는 우리의 등에 날개를 자라게 만들었다.… 단 한 번이라도 이러한 영원을 경험해 본 사람이라면, 자신이 가고 있는 길을 단 한 번이라도 이해해 본 사람이라면, 단 한 번이라도 자기 앞에서 가시는 분을 본 적이 있는 사람이라면, 이 길을 피하는 것이 어렵다는 것을 발견할 것이다. 만일 그가 그들 가운데서 그의 십자가를 지고 가시는 동반자를 보지 못한다면 모든 위로는 덧없는 것이며, 모든 보물은 무가치하며, 모든 동료들이 불필요해 보일 것이다.[18]

Mother Maria of Paris
(아들이 죽은 후에 쓴 글)

진리는 사상 체계가 아니다. 진리는 창조되는 것이 아니다. 진리는 진리이다. 그리스도는 진리이시다. 진리는 한 인격이시다. 진리는 우리의 이해의 제한을 받지 않는다. 진리는 우리를 초월하며, 우리는 결코 진

---

17) St. Macarius of Egypt (attributed to): in André Guillaumont, "The Jesus prayer among the Monks of Egypt", *Eastern Churches Review* 6:1 (London, 1974), p. 67.
18) Mother Maria of Paris: in Hackel, *One of Great Price*, pp. 4-5.

리를 완전히 이해할 수 없다.

진리를 탐구하는 것은 그리스도를 탐구하는 것이다⋯.

진리는 그리스도의 인격의 신비이다. 그것이 하나의 인격이므로 그 사건, 만남의 사건과 뗄 수 없이 연결되어 있다. 신비와 사건은 하나다⋯. 정교회에서 그 신비는 정확하고 엄숙한 실체이다. 그것은 그리스도이며, 그리스도를 만나는 것이다.[19]

Mother Maria of Normanby

주께서 그대를 위한 모든 것이 되셨으니, 그대는 주님을 위한 모든 것이 되어야 한다.[20]

크론스타트의 요한

만일 그분이 완전한 인간이 되지 않으셨다면, 인간은 구원받지 못했을 것이다.[21]

오리겐

오늘 놀라운 이적이 실현되었습니다:

---

19) Mother Maria of Normandy, Orthodox Potential: *Collected Essays*(Greek Orthodox Monastery of the Assumption, Normanby, Whitby, no date [c. 1967]), pp. 141-2.
20) St. John of Kronstadt: in Grisbrooke, *Spiritual Counsels*, p. 6.
21) Origen, *Dialogue with Heracleides*, tr. John Ernest leonard Oulton and Henry Chadwick, *Alexandrian Christianity* (The Library of Christian Classics, vol. ii: SCM, London, 1954), p. 442.

자연이 새롭게 되고, 하나님이 인간이 되셨습니다.

그분은 옛날 그대로의 존재이시지만

옛것이 아닌 다른 것을 취하셨습니다.

고난을 당하셨지만 혼동도 없고 분열도 없습니다.

이 큰 신비를 무어라고 말할 수 있을까요?

육이 없으신 분이 화육하셨습니다;

말씀이 육신을 입으셨습니다.

보이지 않는 분이 보이게 되었습니다.

누구도 손으로 만질 수 없는 분을 다룰 수 있게 되었습니다.

시작을 갖지 않으신 분이 존재하기 시작하셨습니다.

하나님의 아들이 인간의 아들이 되셨습니다.

예수 그리스도는 어제도 오늘도 영원토록 동일하십니다.[22]

성탄절 저녁기도 중에서

주님, 우리가 어찌 당신 같은 분을 소유할 수 있으리오.

위대하신 분이 작아지셨으며, 깨어 지키시는 분이 잠들어 계십니다.

깨끗하신 분이 세례를 받으셨고, 살아 계신 분이 죽으셨습니다.

왕이 모든 사람의 존귀를 보증하기 위해 자신을 낮추셨습니다.

당신의 존귀를 찬양합니다!

사람이 당신의 신성을 인정하는 것이 옳습니다.

---

22) *The Festal Menaion*, p. 291.

거룩한 존재들이 당신의 인성을 예배하는 것이 옳습니다.

거룩한 존재들은 당신이 지극히 작아지신 것을 보고 놀랐으며,

세상의 존재들은 당신이 지극히 존귀하신 것을 보고 놀랐습니다.[23]

시리아인 에프렘

그리스도는 완전한 사랑이시기 때문에, 그분의 지상 생활은 결코 과거의 삶이 될 수 없다. 그분은 영원히 현재로 머무신다. 과거에 그분은 고독하셨고, 인간의 죄를 홀로 담당하셨다. 그러나 그분은 죽음 안에서 우리 모두를 그분의 사역에 참여시키셨다. 그러므로 복음이 이제 우리와 함께 있다. 우리는 그분의 희생 안으로 들어갈 수 있다.[24]

Mother Maria of Normanby

아무도 건드릴 수 없을 분이 붙잡히셨습니다.

아담을 저주에서 풀어 주시는 분이 결박되셨습니다.

사람의 마음과 내면의 생각을 심판하시는 분이 공정치 못하게 재판을 받으십니다.

깊은 구렁을 닫으신 분이 감옥에 갇히셨습니다.

천국의 권세들도 두려워하는 분이 빌라도 앞에 서셨습니다.

---

23) St. Ephrem the Syrian: in Sebastian Brock (tr.), *The Harp of the Spirit: Eighteen Poems of Saint Ephrem* (Studies Supplementary to Sobornost 4: The Fellowship of St. Alban and St. Sergius, 2nd edn, London, 1983), pp. 30, 20.

24) Mother Maria of Normanby, *Ralph Cudworth Mystical Thinker* (Greek Orthodox Monsatery of the Assumption, Filgrave, Newport Pagnell, 1973), p. 35.

창조주께서 피조물에게서 매를 맞으셨습니다.

산 자와 죽은 자를 심판하러 오실 분께서 십자가형을 선고받으셨습니다.

지옥을 파괴하시는 분이 무덤에 들어가셨습니다.

오, 당신은 온유한 사랑으로 이 모든 일을 견디셨습니다.

당신은 모든 사람들을 저주에서 구하셨습니다.

오, 오래 참으시는 주님께 영광을 돌립니다.[25]

성 대 금요일 저녁 기도 중에서

정교회 신앙의 특징이며 그 예배의 모든 것에 스며 있는 소망과 기쁨의 가장 심오한 토대는 부활이다. 정교회 예배의 중심인 부활절은 기쁨의 폭발, 제자들이 부활하신 구주를 보았을 때 느꼈던 것과 동일한 기쁨이다. 그것은 사망-생명의 주께서도 인간이 되셨을 때에 이 사망을 당하셔야 했다-으로 인한 큰 슬픔 후에 생명의 승리 앞에서 느끼는 우주적인 기쁨의 폭발이다. "하늘은 기뻐하고 땅은 크게 기뻐하며, 눈에 보이는 세상과 보이지 않는 세상은 즐거워하라. 우리의 영원한 기쁨이신 그리스도께서 부활하셨도다." 전에는 모든 것이 꾸준히 사망을 향해 이동했었지만, 이제 만물은 생명의 확실함으로 가득 차 있다.

정교회에서는 생명의 승리에 대한 믿음을 특별히 강조한다.[26]

두미트루 스타닐로애(Dumitru Staniloae)

---

25) *The Lenten Triodion*, p. 613.

26) Fr Dumitru Staniloae, "Orthodoxy, Life in the Resurrection", p. 371.

신앙 때문에 소련의 수용소에 갇혀 생활을 해봐야만, 첫 사람의 타락의 신비, 모든 창조물이 지니는 구속의 신비한 의미, 그리고 그리스도께서 악의 힘을 이기신 큰 승리 등을 진정으로 이해할 수 있습니다. 거룩한 복음의 이상을 위해서 고난을 당해 봐야만 최초의 교회의 위대한 순교자들과 비교할 때에 자신의 무가치함 및 죄악 됨과 연약함을 깨달을 수 있습니다. 그 때에만 우리는 심오한 온유함과 겸손의 절대적인 필요성을 파악할 수 있는데, 그것이 없으면 우리는 구원 받을 수 없습니다. 또한 우리는 보이는 것들의 무상한 형상을 분별하며 보이지 않는 분의 영원한 생명도 분별하기 시작합니다.

부활절이면, 신앙 때문에 갇힌 우리들은 모두 그리스도의 하나의 기쁨 안에서 하나가 되었습니다. 우리들은 모두 하나의 감정, 하나의 영적 승리 안에 이끌려 들어가 영원하신 한 분 하나님을 찬미했습니다. 교회에서 종을 치면서 거행되는 엄숙한 유월절 예배를 드리지는 못했습니다. 수용소 안에서는 함께 모여 예배를 드리거나 축일을 지키기 위해 옷을 차려 입거나 부활절 음식을 준비할 수 없습니다. 오히려 평소보다 더 많은 일을 해야 하고 더 많은 간섭을 받습니다. 종파에 관계없이 신앙 때문에 이곳에 갇힌 죄수들은 다른 죄수들보다 더 감시를 받으며, 비밀경찰들로부터 위협도 더 많이 받습니다.

그러나 이곳의 부활절도 위대하고 거룩하고 신령하며 잊을 수 없습니다. 그날은 부활하신 하나님께서 우리 가운데 계시기 때문에 복된 날입니다. 말 없는 시베리아의 별들이 있고, 우리의 슬픔이 있기에 복된 날입니다. 위대한 부활과 교통할 때에 우리 마음은 기뻐 고동칩니다. 사망이 정복되었고, 더 이상 두려움이 없습니다. 영원한 부활절이 우리에게 주어졌습니다! 이 놀라운 부활의 기쁨으로 충만하기에 수용소에 갇힌 우리는 당신에게 승리의 기쁜 소식을 전합니다: 그리스도께서 부활하셨습니다!²⁷⁾.

소련 강제수용소에서 온 편지

---

27) Letter from a Soviet concentration camp: from a narrative transcribed by my spiritual father, Archpriest George Cheremeteff(d. 1971).

제5장

영이신 하나님

> 우리의 육에 주어진 하나님의 영은 슬픔이나 압박을 견디시지 못한다.[1]
>
> 헤르마스의 목자

> 하나님의 영이 사람에게 강림하셔서 충만히 임하시면, 그 영혼은 무어라고 묘사할 수 없는 기쁨으로 흘러 넘친다. 이는 그가 만지는 모든 것을 성령께서 기쁨으로 변화시켜 주시기 때문이다.
> 하늘나라는 성령 안에 있는 기쁨과 평화이다.
> 내면의 평화를 획득하라. 그러면 그대 주위에 있는 수많은 사람들이 자기 구원을 발견할 것이다.[2]
>
> 사로프의 세라핌(St. Seraphim of Sarov)

---

1) *The Shepherd of Hermas, Mandate* X, ii, 6, tr. Lightfoot, *The Apostolic Fathers*, p. 433.
2) St. Seraphim of Sarov: in A. F. Dobbie-Bateman, *St. Seraphim of Sarov concerning the Aim of the Christian Life* (SPCK, London, 1936), pp. 56, 58; Ivan Kologrevof, *Essai sur la ssainteté en Russie* (Beyaert, Bruges, 1953), p. 430.

움켜쥔 주먹인가, 펼친 손인가?

로마의 카타콤 내부의 벽에는 한 여인이 기도하는 모습(Orans)이 그려져 있다. 그 여인은 두 손을 펴서 하늘을 향해 들고 하늘을 응시하고 있다. 이것은 그리스도교의 성화 중에서 가장 오래 된 것들 중 하나이다. 이 여인은 누구를 나타내는가? 복된 성모 마리아인가, 교회인가, 아니면 기도하는 영혼인가? 아니면 이 세 가지 전체를 나타내는가? 어떻게 해석하든지 이 성화는 그리스도교의 기본적인 태도를 묘사한다. 즉 기원, 혹은 성령강림을 구하는 기도(epiclesis)를 묘사한다.

우리의 두 손으로 취할 수 있는 주요한 자세는 세 가지인데, 각각의 자세는 나름대로 상징적인 의미를 지닌다. 우리는 일종의 도전하는 몸짓으로서, 또는 호전성이나 두려움을 표현하기 위해서 주먹을 불끈 쥔다. 이와는 정반대로 두 손을 옆으로 기운 없이 내려뜨리는 경우가 있는데, 이것은 도전적인 것도 아니고 수용적인 것도 아니다. 혹은 위에서 언급한 카타콤의 벽화에서처럼 두 손을 움켜쥐지 않고 펼치며, 불안해 하지도 않고 성령의 은사를 받을 준비를 갖추고서 하늘을 향해 들어 올리는 자세도 있다. 영적인 길을 가는 데 대한 아주 중요한 교훈은 주먹을 풀고 두 손을 펴는 방법을 아는 것이다. 매 시간, 매 분 우리 나름대로 기도하는 여인(Orans)과 같은 행동을 해야 한다: 즉 눈에 보이지는 않지만 두 손을 펴서 하늘을 향해 들고, 성령 강림을 구해야 한다.

그리스도교적 삶의 완전한 목표는 성령의 담지자(Spirit-bearer)가 되는 것, 하나님의 영 안에서 생활하는 것, 하나님의 영을 호흡하는 것이다.

바람과 불

성령에게는 감추어진 은밀한 특성이 있는데, 그것 때문에 성령에 대해 말하거나 글을 쓰기가 어렵다. 신신학자 시므온은 그것을 다음과 같이 표현했다:

그분은 자신이 의지하는 물질로부터 자기 이름을 끌어내신다.
이는 그분이 사람들 사이에서 분명한 이름을 가지고 계시지 않기 때문이다.

시므온은 다른 곳에서 다음과 같이 기록했다(특별히 성령을 언급하지는 않았지만, 그의 말은 삼위일체 중 제3위에 잘 적용된다):

그것은 눈에 보이지 않으며, 손으로 잡을 수 없다.
그것은 만질 수 없지만, 어디에서든지 느낄 수 있다….
그것은 무엇인가? 오, 놀라워라! 그것은 무엇이 아닌가? 그것에게는 이름이 없다.
나는 어리석게도 그것을 붙잡으려고 노력한다.
그리고 그것을 꽉 잡았다고 생각하고서 손을 꼭 쥔다.
그러나 그것은 도망쳤으며, 나는 그것을 손 안에 쥐고 있지 못했다.
나는 크게 슬퍼하면서, 쥐었던 손을 놓았다.
그런데 나는 다시 내 손바닥 안에 그것이 있음을 보았다.

오, 말로 표현할 수 없는 경이로움이여! 오, 기이한 신비여!
어찌하여 우리는 헛되이 자신을 괴롭히는가? 어찌하여 우리는 모두
길을 벗어나 방황하는가?[3)]

이 같은 난해함은 성경에서 성령을 가리키기 위해 사용한 상징들 안에서 분명히 드러난다. 성령은 "급하고 강한 바람" 같다(행 2:2). "영"(Spirit)이라는 단어는 바람 혹은 숨을 의미한다. 예수님은 니고데모에게 이렇게 말씀하셨다: "바람이 임의로 불매 네가 그 소리는 들어도 어디서 와서 어디로 가는지 알지 못하나니"(요 3:8). 우리는 바람이 부는 것을 알며, 밤에 깨어 있을 때에 숲속에서 바람 소리를 들으며, 산을 올라갈 때에 얼굴에 바람이 스치는 것을 느낀다. 그러나 우리가 그것을 손으로 잡으려 해도, 그것은 손에 잡히지 않는다. 하나님의 성령도 마찬가지이다. 우리는 성령의 무게를 달거나 양을 측량할 수 없으며, 상자에 넣거나 자물쇠로 채워 놓을 수 없다. 제라르 맨리 홉킨스(Gerard Manley Hopkins)는 그가 지은 한 편의 시에서 동정녀 마리아를 우리가 호흡하는 공기에 비유했다. 동일한 비유를 성령에게 적용할 수 있다. 성령도 공기처럼 생명의 원천으로서 "어디에나 임재하며 만물을 채워 주며" 항상 우리 주위에 있으며, 항상 우리 안에 있다. 공기는 우리 눈에 보이지 않지만 우리가 다른 사물을 보거나 그 소리를 듣는 매개체 역할을 하는 것처럼, 성령도 우리에게 자기 얼굴을 드러내시지 않지만 항상 그리스도

---

3) St. Symeon the New Theologian, *Hymns* 22 and 28, ed. Koder, vol. ii (Sources chrétiennes 174: Paris 1971), pp. 184, 300, tr. Maliney, pp. 111, 148-149.

의 얼굴을 보여 주신다.

성경에서 성령은 불에 비유되기도 한다. 오순절날에 최초의 그리스도인들 위에 성령께서 "불의 혀처럼 갈라지는"(행 2:3) 형태로 임하셨다. 불도 바람처럼 파악하기가 어렵다. 그것은 살아 있으며 자유롭게 움직이기도 하지만, 측량하거나 무게를 달거나 좁은 공간 안에 제한할 수 없다. 우리는 불의 뜨거움을 느끼지만 손에 쥐거나 담을 수 없다.

성령과 우리의 관계도 그렇다. 우리는 그분의 임재를 의식하며 그분의 능력을 알지만, 쉽게 그분의 인격을 우리 자신에게 묘사할 수 없다. 삼위일체의 제2위격이 성육하셔서 인간으로 세상에 사셨다. 복음서는 그분의 말과 행동에 대해 말해주며, 거룩한 성화를 통해서 그분의 얼굴이 우리를 바라본다. 따라서 우리 마음에 그분의 모습을 그려보는 것은 어렵지 않다. 그러나 성령은 성육하시지 않았으며, 그분의 거룩한 위격은 인간의 형태로 우리에게 계시되지 않았다. 삼위일체의 제2위격의 경우에 아버지로부터의 영원한 근원을 지칭하기 위해 사용되는 "발생"(generation) 혹은 "탄생"(being born)이라는 용어가 우리의 정신에 분명한 사상, 특수한 개념을 전달해 준다. 물론 우리는 이 개념을 문자 그대로 해석해서는 안 된다는 것을 알고 있다. 그러나 성령이 아버지에 대해서 지니는 영원한 관계를 가리키기 위해서 사용되는 용어인 "발현"(procession)은 분명하고 확실한 사상을 전달해 주지 않는다. 그것은 마치 아직 분명히 드러나지 않은 신비를 가리키는 신성한 비밀문자와 흡사하다. 그 용어는 성령과 아버지의 관계가 성자와 아버지의 관계와 동일하지 않다는 것을 지적해 준다. 그러나 그 차이의 정확한 본질이 무엇인지에 대해서는 아무런 말도 듣지 못하고 있다. 성령의 행동은 문자로 정의할 수 없으므로, 이것은 불가피한 일이다. 그것은 직접 생활하여 체험되어야 한다.

그러나 성령이 지닌 이 불가해한 특성에도 불구하고, 정교회 전통은 성령에 대해서 두 가지 사실을 분명하게 가르친다. 첫째, 성령은 하나의 위격이시다. 성령은 "신의 돌풍"(divine blast)이나 생명이 없는 힘(insentient force)이 아니라, 삼위일체의 영원한 세 위격들 중 한 분이시다. 그러므로 겉으로 보기에 그분은 무척 이해하기 어려운 듯하지만, 우리는 성령과 개인적인 "나-당신"의 관계를 유지할 수 있다. 둘째, 성삼위일체의 세 번째 위격이신 성령은 나머지 두 위격과 함께 동등하고 영원하시다. 성령은 나머지 두 위격에 의존하는 하나의 기능이거나 그들이 고용한 중개자가 아니다. 가톨릭 교회에서 신조에 "성자로부터"(*filioque*)를 추가한 것(아울러 이렇게 추가한 일의 배후에 있는 바 성령의 "이중 발현"에 대한 서방 교회의 가르침)을 정교회가 거부하는 한 가지 주요한 이유는 그러한 가르침 때문에 사람들이 성령을 탈인격화하거나 종속적인 것으로 생각할 우려가 있기 때문이다.

성령이 나머지 두 위격과 대등하게 영원하고 동등하다는 것이 정교회의 오순절 찬양송에 거듭 등장하는 주제이다.

> 성령은 영원히 존재하셨으며, 지금도 존재하시며, 앞으로도 존재하실 것이다.
> 그분에게는 시작도 없고 끝도 없다.

그러나 그분은 언제나 아버지와 아들과 결합하시며 함께 헤아려지신다.

생명과 생명을 주신 분,

빛과 빛을 주신 분,

사랑과 사랑의 근원

그분을 통해서 아버지가 알려지시며,

그분을 통해서 아들이 영광을 받으시고 모두에게 계시된다.

하나는 능력이요, 하나는 구조이며,

하나는 성삼위일체의 예배이다.[4]

성령과 성자

아버지의 "두 손", 즉 성자와 성령 사이에는 호혜적인 관계, 상호 봉사라는 유대가 존재한다. 간혹 둘 사이의 상호 관계를 표현하는 데 있어서 이러한 호혜성을 흐리게 하는 일방적인 방법을 사용하여 표현하는 경향이 있다. 그리스도께서 먼저 오셨고, 그가 승천하신 후 오순절에 성령을 보내셨다고 한다. 그러나 실제로 상호간의 연결은 보다 복합적이고 보다 균형을 이루고 있다. 그리스도께서 우리에게 성령을 보내시지만, 동시에 그리스도를 보내시는 분은 성령이시다. 앞에서 간략하게 살펴본 삼위일체적 형태의 일부를 다시 발전시켜 보자.

---

4) *The Pentecostarion*, p. 418.

1. **성육신**. 수태고지("성모희보") 때에 성령께서 동정녀 마리아에게 오셨고, 성모 마리아는 말씀(Logos)을 잉태하셨다. 신조에 따르면, 예수 그리스도는 "성령과 동정녀 마리아로부터 성육하셨다." 여기에서 그리스도를 세상에 보내시는 분은 성령이시다.

2. **세례**. 관계는 동일하다. 예수께서 요단 강물에서 올라오실 때, 성령이 비둘기 모양으로 그에게 내려오셨다. 따라서 그리스도에게 임무를 주어 공적인 사역을 행하게 하신 분은 성령이시다. 이것은 세례 받으신 직후에 벌어진 사건들을 보면 아주 분명하다. 성령은 그리스도를 광야로 몰아가셨고(막 1:12), 전파를 시작하기 전에 사십 일 동안 시험 기간을 통과하게 하셨다. 그리스도는 "성령의 능력으로" 시험을 마치고 갈릴리로 돌아가셨다(눅 4:14). 예수님이 선포하신 첫 말씀은 자기를 보내신 분이 성령이라는 사실을 직접적으로 암시한다. 예수님은 이사야 61장 1절을 자신에게 적용하여 읽으셨다: "주의 성령이 내게 임하셨으니 이는 가난한 자에게 복음을 전하게 하시려고 내게 기름을 부으시고"(눅 4:18). 예수님의 호칭인 "그리스도" 또는 "메시아"는 그가 성령에 의해 기름 부음 받았음을 의미한다.

3. **변모**. 성령은 한 번 더 그리스도에게 내려오셨는데, 이번에는 비둘기의 모습이 아니라 구름 같은 빛으로 나타나셨다. 과거 성령이 예수를 광야로 몰아내시고 그를 보내어 공적 사역을 행하게 하셨던 것처럼, 이제 성령은 그리스도를 그의 "출애굽", 혹은 예루살렘에서의 희생의 죽

음을 향해 내보내셨다(눅 9:31).

4. **오순절(성령강림축일).** 여기에서는 상호 관계가 역전된다. 지금까지는 그리스도를 보내신 분이 성령이었는데, 이제는 부활하신 그리스도께서 성령을 보내신다. 오순절은 성육신의 목표와 완성이다. 블라디미르 로스키(Vladimir Lossky)는 "말씀이 육신을 입으신 것은 우리로 성령을 받게 하기 위해서였다"[5]고 말했다.

5. **그리스도교적 삶.** 그러나 "두 손"의 상호 관계는 여기서 끝나지 않는다. 수태고지("성모희보")와 세례와 변모 때에 성령이 아들을 보내신 것처럼, 그리고 오순절 날에 아들이 성령을 보내신 것처럼 오순절 후에는 그리스도를 증언하고, 부활하신 주님을 영원히 우리 가운데 임재하게 하는 것이 성령의 임무이다. 만일 성육신의 목표가 오순절 날에 성령을 보내는 것이었다면, 오순절의 목표는 그리스도의 성육신을 교회의 삶 안에서 지속시키는 것이다. 이것이 바로 성찬을 성별하면서 성령 강림을 희구하는 기도를 드릴 때에 성령이 행하시는 일이며, 이 성별하면서 드리는 기도는 그리스도 안에서 일평생 우리에게 발생하는 것을 위한 모델이요 패러다임이 된다.

"두세 사람이 내 이름으로 모인 곳에는 나도 그들 중에 있느니라"(마 18:20).

---

5) Vladimir Lossky, *The Mystical Theology of the Eastern Church*, p. 179.

그리스도께서 어떻게 우리 중에 임재하는가? 성령을 통해서 임재하신다. "볼지어다 내가 세상 끝날까지 너희와 항상 함께 있으리라" (마 28:20).

그리스도께서 어떻게 항상 우리와 함께 계시는가? 성령을 통해서이다. 우리 마음에 성령이 계시기 때문에, 우리는 그리스도를 지금 여기에서 우리의 개인적인 구주요 친구로서 직접적으로 아는 것이다. 그리스도는 우리가 여러 단계를 거쳐 간접적으로만 아는 먼 옛날의 인물, 기록을 통해서 사실적인 정보를 획득하는 인물이 아니다. 우리도 도마처럼 "나의 주님이시요 나의 하나님이시니이다"(요 20:28)라고 시인할 수 있다. 우리는 단순히 먼 옛날에 "그리스도가 탄생하셨다"고 말하는 것이 아니라, 지금 이 순간 내 마음속에 "그리스도가 탄생하신다"고 말한다. 우리는 "그리스도가 죽으셨다"고 말하는 것이 아니라 "그리스도가 우리를 위해 죽으셨다"고 말한다. 우리는 단순히 "그리스도가 부활하셨다"고 말하는 것이 아니라, "그리스도께서 부활하셔서" 지금 내 안에서 나를 위해 살아 계시다고 말한다. 이와 같이 예수님과 우리의 관계 안에 있는 즉시성과 개인적인 직접성이 바로 성령의 역사이다.

성령은 자신에 대해서 말하는 것이 아니라 그리스도에 대해서 말해 주신다. 예수께서는 마지막 만찬 때에 "진리의 성령이 오시면 그가 너희를 모든 진리 가운데로 인도하시리니 그가 스스로 말하지 않고 오직 들은 것을 말하며…그가 내 영광을 나타내리니 내 것을 가지고 너희에게 알리시라라"(요 16:13-14)고 말씀하셨다. 여기에 성령의 투명성의 근거가 놓여 있다. 성령은 자기 자신이 아니라 부활하신 그리스도를 가리키신다.

오순절에 주어진 선물

오순절에 선물로 주어진 성령과 관련된 세 가지 놀라운 사실이 있다.

첫째, 그분은 하나님의 백성들에게 주어진 선물이다. "그들이 다 성령의 충만함을 받고"(행 2:4). 성령은 많은 사람들을 그리스도 안에서 한 몸이 되게 하신다. 오순절에 발생한 성령 강림은 바벨탑 사건의 결과를 역전시킨다(창 11:7). 오순절 찬양송 중에 다음과 같은 성가가 있다:

> 지극히 높으신 이가 예전에 임하셨을 때는
> 언어를 혼란시켜 백성들이 서로 분열되더니
> 이제 불혀를 나눠 주심으로 우리를 일치케 하셨나니
> 거룩하신 성신을 찬양하나이다.[6]

둘째, 성령은 일치와 상호 이해를 가져다주시며, 우리로 하여금 "한 목소리로" 말할 수 있게 해 주신다. 성령은 개별적인 존재들을 인격체들로 변화시켜 주신다. 오순절 직후에 예루살렘에 형성된 최초의 그리

---

6) *The Pentecostarion*, p. 412.

스도교 공동체에 관해, 성경에는 "모든 물건을 통용하고"(행 2:44) "한 마음과 한 뜻이 되었다"(행 4:32)고 말한다. 이것은 모든 세대에 오순절 교회 공동체의 표식이 되어야 한다.

셋째, 성령의 은사는 다양성의 은사이다: 불의 혀는 갈라지거나 나누어지며(행 2:3), 각 사람에게 직접적으로 분배된다. 성령은 우리 모두를 하나로 만드실 뿐만 아니라 각기 상이하게 만드신다. 오순절 날에 언어의 다양성이 폐지되지는 않았지만, 언어로 인한 분열은 사라졌다. 각 사람은 전처럼 자기가 사용하던 언어로 말했지만, 성령의 능력에 의해서 다른 사람들의 말을 이해할 수 있었다. 나의 견해를 말하자면, 성령을 품은 자가 된다는 것은 나의 인격 안에 온갖 특성들을 깨닫는 것이다. 그것이 나의 특성 안에서 진실로 자유로운 것, 참된 자아가 되는 것이다. 성령 안에서의 삶은 무한한 다양성을 소유한다. 지루하고 반복되는 것은 거룩한 것이 아니라 그릇된 행동이다. 날마다 몇 시간 동안 고해성사를 들어주는 내 친구 사제는 피곤하게 "새로운 죄가 없다는 것은 참으로 불쌍한 일이다!"라고 말하곤 했다. 그러나 언제나 거룩의 새로운 형태들이 존재한다.

성령 안에 있는 교부들과 어리석은 자들

정교회 전통에서 보면, 그리스도교 공동체 내에서 행해지는 성령의 직접적인 행위는 "성령을 소유한" 두 인물—원로(또는 장로, 영적 스승)와 그리스도 안에서 어리석은 자-에게서 놀랄 정도로 분명히 나타난다.

원로 혹은 장로(그리스어로는 gerōn이고 러시아어로는 starets이다)가 반드시 나이가 많은 노인이어야 하는 것은 아니지만 하나님의 진리에 대한 경험 안에서 지혜로워야 하며, "성령 안에서 아버지 됨"의 은혜를 받아야 하며, 다른 사람들을 영적으로 지도하는 카리스마가 있어야 한다. 그가 영적 자녀들에게 주는 것은 도덕적인 교훈이나 삶의 규칙이 아니라 개인적인 관계이다. 도스토엡스키는 "원로는 그대의 영혼과 의지를 자기의 영혼과 의지 속에 받아들이는 사람이다"[7]라고 말했다. 자카리아 (Zachariah) 사제의 제자들은 사부에 대해서 "그분은 두 손에 우리의 마음을 담아 가지고 계시는 듯했습니다"[8]라고 했다.

원로는 내적으로 평화로운 사람으로서, 많은 사람들이 그의 옆에서 구원을 발견한다. 그의 기도와 자기 부인의 열매로서 성령이 그에게 분별의 은사를 주셨기 때문에 그는 사람들의 마음의 비밀을 읽을 수 있다. 그래서 그는 다른 사람들이 제시하는 질문뿐만 아니라 질문할 생각조차 하지 못했던 훨씬 근본적인 질문에도 대답한다. 그는 분별의 은사와 영적 치유의 은사(사람들의 영혼 및 몸을 회복시켜 주는 능력)를 결합시킨다. 원로는 권고의 말뿐만 아니라 침묵 혹은 그의 존재 자체를 통해서 이러한 영적 치유를 제공한다. 물론 그의 충고도 중요하겠지만, 그보다 훨씬 더 중요한 것은 그의 중보기도이다. 그는 끊임없이 자녀들을 위해 기도함

---

7) Dostoevsky, *The Brothers Karamazov*, vol. i, p. 28.
8) Fr Zachariah: in Jane Ellis (tr.), *An Early Soviet Saint: The Life of Father Zachariah* (Mowbray, London, 1976), p. 84.

으로써, 자신을 그들과 동화시킴으로써, 그들의 기쁨과 슬픔을 자신 것으로 받아들임으로써, 그들의 근심이나 죄책감이라는 짐을 자기의 어깨에 짊어짐으로써 그들을 온전하게 한다. 끈질기게 다른 사람을 위해 기도하지 않는 사람은 원로가 될 수 없다.

만일 원로가 사제라면, 일반적으로 그의 영적 지도 사역은 고해성사와 밀접하게 연결된다. 그러나 도스토엡스키가 묘사하거나 자카리아 수사가 모범을 보인 것처럼, 완전한 의미에서의 원로는 사제-고해신부 이상이다. 완전한 의미에서의 원로는 어떤 우월한 권위에 의해서 임명될 수 있는 것이 아니다. 그리스도교인들의 심령에 직접 말씀하시는 성령께서 어떤 인물이 사람들을 지도하고 치료할 은혜를 하나님으로부터 받았는지 분명히 밝혀 주신다. 이런 의미에서 참된 원로는 제도권의 관리가 아니라 예언적인 인물이다. 원로는 대부분의 경우 사제-수도사이지만, 때로 결혼한 교구 사제일 수도 있고, 사제직에 서임되지 않은 일반 수도사일 수도 있고, 세상을 떠나서 생활하는 평신도일 수도 있다. 만일 원로가 사제가 아닌 경우에, 그는 사람들의 문제를 경청하고 조언을 해준 뒤에 종종 그들을 사제에게 보내어 고해성사와 사죄를 받게 한다.

영적 아버지와 자녀의 관계는 폭넓게 변화된다. 어떤 사람은 평생 영적인 위기에 처했을 때에 한두 번 정도만 원로를 찾아가지만, 어떤 사람들은 매달 혹은 매일 규칙적으로 자신의 원로와 접촉한다. 미리 규칙을 정할 수는 없으며, 그들 간의 교제는 성령의 직접적인 인도하심 하에서 저절로 성장한다.

원로와 영적 자녀들 사이의 관계는 언제나 개인적이다. 원로는 (역종교개혁의 "궤변"에서처럼) 책에서 배운 추상적인 규칙들을 적용하지 않는다. 그는 각각의 사례에 따라서 자기 앞에 있는 특수한 사람을 보고, 성령의 조명하심을 받아 그 사람을 위한 하나님의 특별하신 뜻을 전하려 한다. 참된 원로는 각 사람의 특성을 이해하고 존중하기 때문에, 그들의 내적 자유를 억압하지 않으며 오히려 강화해 준다. 그는 기계적인 복종을 유도해내는 것을 목표로 하지 않으며, 다만 자녀들 스스로 결정할 수 있는 영적 성숙의 지점으로 인도해 준다. 그는 각 사람에게 전에는 대체로 감추었던 자기의 참 얼굴을 보여 준다. 그의 말은 창조적이고 생명력이 있어, 상대방으로 하여금 과거에는 불가능하게 여겼던 일들을 행할 수 있게 해준다. 원로는 각 사람을 개인적으로 사랑하기 때문에 이 모든 일을 할 수 있다. 게다가 그들 간의 관계는 호혜적이다. 상대방이 진지하게 생활방식을 바꾸기 원하며 원로에 대한 사랑 깊은 신뢰 안에서 마음을 열지 않는 한, 원로는 상대방을 도와 줄 수가 없다. 호기심 때문에 원로를 만나러 가는 사람은 아무런 감명도 받지 못한 채 빈 손으로 돌아오기 쉽다.

그들 간의 관계가 항상 개인적인 것이기 때문에, 특정의 원로가 모든 사람을 동등하게 도울 수는 없다. 그는 성령께서 특별히 자기에게 보내신 사람만 도울 수 있다. 마찬가지로 제자는 "나의 원로는 다른 모든 원로보다 더 훌륭하다"라고 말해서는 안 된다. 그는 단지 "나의 원로는 나에게 가장 적합하신 분이다"라고 말해야 한다.

사람들을 지도함에 있어서, 영적 아버지는 성령의 뜻과 음성을 기다린다. 세라핌(St. Seraphim)은 "나는 하나님께서 주라고 말씀하신 것만 준다. 나는 나에게 임하는 첫 번째 말씀을 성령이 감동하신 말씀이라고 믿는다"⁹⁾고 말했다. 수덕의 노력과 기도를 통해서 특별히 강력한 하나님 임재 의식을 획득하지 않는 한, 아무도 이런 방식으로 행동할 권리가 없다. 이러한 수준에 이르지 못한 사람이 그런 행동을 하는 것은 주제넘고 무책임할 것이다.

자카리아 성인은 성 세리핌과 동일한 말을 한다:

> 간혹 어떤 사람은 자신이 무슨 말을 할 것인지 알지 못하는 경우가 있다: 주께서 그의 입을 통해서 말씀하신다. 우리는 "오 주님, 당신께서 내 안에 사시며, 나를 통해서 말씀하시며, 나를 통해서 행동하옵소서"라고 기도해야 한다. 주님이 어떤 사람의 입을 통해서 말씀하시면, 그 사람이 하는 모든 말은 효과가 있으며 그대로 이루어진다. 말하는 사람 자신은 이 사실에 놀란다.···사람은 지혜에 의지해서는 안 된다.

영적 아버지와 자녀의 관계는 죽음을 초월하여 최후 심판 때까지 이어진다. 자카리아 성인은 자기를 따르는 사람들에게 이렇게 다짐했다: "나는 죽은 후에 지금보다 더 살아 있을 것입니다. 그러니 내가 죽어도 슬퍼하지 마십시오.···심판날에 원로는 '나와 내 자녀들이 여기 있습니다'라고 말할 것입니다."¹⁰⁾ 성 세라핌은 자기의 묘비에 다음과 같은 말

---

9) St. Seraphim of Sarov: in G. P. Fedotov, *A Treasury of Russain Spirituality* (Sheed & Ward, London, 1950), p. 261.
10) Fr Zachariah: in Ellis, *An Early Soviet Saint*, pp. 43, 107, 88.

을 새겨 달라고 부탁했다:

> 내가 죽으면, 내 무덤으로 나를 찾아오십시오. 자주 찾아올수록 좋습니다. 당신의 영혼에 어떤 일이 있든지, 당신에게 무슨 일이 일어날 때면 내가 살아 있을 때하던 것처럼 나에게 와서 무릎을 꿇고 내 무덤에 당신의 모든 슬픔을 던져 버리십시오. 나에게 모든 것을 말하십시오. 내가 당신의 말을 들어줄 것입니다. 그리고 당신에게서 슬픔은 사라질 것입니다. 내가 살아 있을 때에 당신이 나에게 말했던 것 같이 행하십시오. 나는 지금도 살아 있으며 영원히 살 것입니다.[11]

정교회 신자들 모두가 영적 아버지를 가지고 있는 것은 아니다. 만일 우리가 지도자를 찾아보았지만 발견할 수 없다면 어떻게 해야 할까? 물론 책을 통해서 배울 수도 있다. 우리에게 원로가 있든지 없든지 간에, 우리는 항존하는 지도를 구하기 위해 성경을 보아야 한다. 책에서 지도를 구할 때 어려운 점은, 내가 처한 현재의 상황에 개인적으로 적용할 수 있는 것이 정확하게 무엇인지를 아는 데 있다. 영적 아버지나 책에서 지도를 구하는 것 외에 영적 형제, 자매에게서 도움을 구할 수 있다. 즉 하나님 안에 있는 교사들이 아니라 동료 제자들에게서 도움을 받는 것이다. 이런 형태로 주어지는 기회를 등한히 해서는 안 된다. 그러나 영적인 길에 헌신한 사람들은 그 외에도 성령 안에서 아버지를 찾기 위해

---

11) St. Seraphim of Sarov: in Irina Gorainoff, *Séraphi, de Sarov* (Spiritualité Orientale 41: Abbaye de Bellefontaine, Begrolles en Mauges, 1973), pp. 133-4.

노력해야 한다. 만일 겸손히 찾는다면, 자신에게 필요한 지도를 분명히 받게 될 것이다. 그들이 종종 성 세라핌이나 자카리아 성인과 같은 원로를 발견하는 것은 아니다. 우리는 외관상 장려한 것을 기대하다가 하나님께서 실제로 제공하시는 도움을 간과하지 않도록 조심해야 한다. 다른 사람들에게는 유명하지 않은 것처럼 보이는 사람이 내가 우선적으로 들어야 하는 불같은 말씀을 개인적으로 나에게 말해 줄 수 있는 영적 아버지로 판명될 것이다.

그리스도교 공동체 내에서 성령을 내면에 소유한 예언적 인물은 그리스도 안에 있는 바보(어리석은 자)이다. 헬라어로는 *salos*(그리스도를 위해 미친 사람처럼 행동하는 사람), 러시아어로는 *iurodivyi*이다. 일반적으로 그의 어리석음이 어디까지 그가 의식적이고 고의적으로 취한 것인지, 그리고 어디까지 자발적이고 무의식적인 것인지를 발견하기는 어렵다. 어리석은 자는 성령의 감동하심을 받아 회개(*metanoia*)의 행위, 또는 "마음의 변화"를 수행한다. 그는 누구보다 더 급진적으로 피라미드의 꼭대기에 선다. 그는 그리스도의 나라는 이 세상 나라가 아니라는 진리를 증언하는 산 증인이다. 그는 "반-세계"(反世界)의 실체, 불가능의 가능성을 증언한다. 그는 절대적으로 자발적인 가난을 실천하며, 굴욕을 당하신 그리스도와 자신을 동화시킨다. 율리아 드 보소브르(Iulia de Beausobre)는 "그분은 누구의 아들도 아니고 누구의 형도 아니고 누구의 아버지도 아니며, 가정도 갖지 않는다"[12]고 표현했다. 그는 가정생활을 하지 않으

---

12) Iulia de Beausobre, *Creative Suffering*, p. 33.

며, 방랑자나 순례자로 살면서 어디에서나 편안하게 느끼지만 어느 곳에도 정착하지 않는다. 추운 겨울에도 누더기를 입고 지내고, 헛간이나 교회의 문간에서 잠을 잔다. 물질적 소유를 부인할 뿐만 아니라 정신적 건강이요 균형이라고 여기는 것도 부인한다. 그럼으로써 그는 보다 고귀한 성령의 지혜를 위한 통로가 된다.

말할 필요도 없이 그리스도를 위한 어리석음이란 극도로 희귀한 소명이다. 또 사이비 어리석음과 진정한 어리석음, "붕괴"와 "성공"을 구분하기도 쉽지 않다. 그것을 시험해 보는 방법은 오직 하나이다: "그들의 열매로 그들을 알리라"(마 7:20). 가짜 바보들은 자기 자신에게나 다른 사람들에게 무익하고 파괴적이다. 그리스도 안에 있는 참된 바보는 깨끗한 마음을 소유하고 있으며 공동체에게 삶을 강화시켜 주는 영향을 미친다. 실질적인 관점에서 보면, 바보가 하는 일은 결코 유익한 목적에 기여하지 못한다. 그러나 바보는 놀라운 행동이나 수수께끼 같은 말을 함으로써 자만과 바리새주의에 빠져 있는 사람들을 깨우쳐 준다. 그 자신은 초연함을 유지하면서, 사람들의 내면에 반응을 촉발시키며, 무의식적인 것들을 표면으로 올라오게 하여 정화되고 성화될 수 있게 만든다. 그는 대담함과 겸손을 결합한다. 그는 모든 것을 부인했기 때문에 진실로 자유하다. 피가 뚝뚝 떨어지는 고기 한 점을 이반 대제(Ivan the Terrible)의 손에 놓았던 파코프의 니콜라스(Nicolas of Pakov)처럼, 그는 이 세상의 권세자들을 담대하게 책망할 수 있다. 그는 사회의 살아 있는 양심이다.

현재의 존재가 되는 것

각 세대에서 원로가 되는 신자는 극소수이며, 그리스도 안에서 바보가 되는 사람은 더욱 드물다. 그러나 세례를 받은 사람들은 모두 성령을 받은 자이다. 『성 마카리우스의 신령한 설교』(*The Homilies of St. Macarius*)에 다음과 같은 내용이 있다: "그대들은 자신의 고귀함을 깨닫거나 이해하지 못하는가.…그대들은 거룩한 기름 부음을 받았고, 은혜로 하나의 그리스도가 되었다. 그대들은 하늘나라 비밀의 예언자요 왕이다."[13]

세례 받은 직후 성유를 바르는 의식을 거행할 때에, 오순절에 최초의 그리스도교인들에게 일어났던 일이 우리에게도 일어난다(이것은 그리스도교에 입문하는 두 번째 성사로서, 가톨릭교회와 마찬가지로 견진성사라고 부른다). 사제는 어린아이든 어른이든 새로 세례를 받은 사람의 이마, 눈, 코, 입, 귀, 가슴, 손과 발에 표식을 하면서 "성령께서 주신 선물의 날인입니다"라고 말한다. 이것은 각 사람에게 있어서 개인적인 오순절이다. 사도들에게 불의 혀 같은 모습으로 가시적으로 임했던 성령이 우리 각 사람에게 눈에 보이지 않게 임하시지만, 그 당시와 마찬가지의 실체와 능력으로 임하신다. 각 사람은 "기름 부음을 받은 자", 즉 메시아이신 예수의 모양을 닮은 "하나의 그리스도"가 된다. 각 사람은 성령의 은사(*charismata*)로 인침을 받는다. 우리가 세례와 기름부음(Chrismation)을 받는 순간부터, 그리스도와 성령이 우리의 마음 깊은 곳에 오셔서 거하신

---

13) *The Homilies of st Macarius* xvi, 13 and xvii, i, tr. Maloney, p. 135.

다. 우리는 성령께 "오십시오"라고 말하지만, 성령은 이미 우리 안에 계시다.

사람이 세례 받은 후에 아무리 부주의하고 무관심하게 살아도, 그의 안에 거하시는 성령의 임재는 결코 완전히 사라지지 않는다. 그러나 우리가 하나님의 은혜에 협력하지 않으면−우리가 자유의지를 발휘하여 계명을 수행하려고 노력하지 않으면, 우리 안의 성령의 임재는 계속 감추어지고 의식되지 못할 것이다. 영적인 길의 순례자인 우리의 목적도 성령이 우리 안에 감추어진 방법으로 임재하시고 활동하시는 은혜의 단계에서 의식적인 각성의 단계, 즉 성령의 능력을 마음으로 공개적이고 직접적이고 완전히 지각할 수 있는 단계로 나아가는 데 있다. 그리스도는 "내가 불을 땅에 던지러 왔노니 이 불이 이미 붙었으면 내가 무엇을 원하리요"(눅 12:49)라고 말씀하셨다. 우리가 세례를 받는 순간부터 우리 안에 존재하는 오순절 성령의 불티가 살아 있는 불길이 되어야 한다. 우리는 현재의 존재가 되어야 한다.

"성령의 열매는 사랑과 희락과 화평과 오래 참음과 자비와 양선과…"
(갈 5:22).

성령의 행위를 의식적으로 자각하는 일이 우리의 내면생활 전체에 스며들어야 한다. 모든 사람이 반드시 놀라운 "회심 체험"을 해야 하는 것은 아니다. 모든 사람이 "방언"을 해야 하는 것도 아니다. 현대의 대부분의 정교회 신자들은 "방언"이 성령을 받은 사람에게 반드시 필요한 결정적인 증거라고 여기는 "오순절 운동"을 조심스럽게 바라본다. 물론 방언의 은사는 사도 시대에는 흔한 것이었지만, 2세기 중반 이후로 완전히 사라지지는 않았더라도 크게 감소되었다. 어쨌든 사도 바울은 이것이 덜 중요한 영적 은사들 중 하나라고 강조한다(고전 14:5을 보라).

진정으로 신령하게 행해질 경우, "방언"은 일종의 내어 맡김의 행위-우리의 죄악된 자기-신뢰가 붕괴되고 그 대신에 하나님께서 우리 안에서 행하시는 것을 기꺼이 허락하는 중요한 순간-를 나타내는 듯하다. 정교회 전통에서 이 내어 맡김의 행위는 종종 눈물의 은사라는 형태를 취한다. 시리아인 성 이삭은 "눈물은 육적인 상태와 영적인 상태, 정욕에 예속된 상태와 순결한 상태 사이의 국경을 표시한다"고 말한다. 또 그는 다음과 같은 훌륭한 글을 썼다:

속사람의 열매는 눈물을 흘리면서부터 시작된다. 당신이 눈물의 장소에 도착하면, 그때 당신의 영이 이 세상의 감옥에서 빠져나와 새로운 세대를 향해 가는 길에 발을 내딛었다는 것을 알게 된다. 그 순간 당신의 영은 그곳의 놀라운 공기를 호흡하기 시작하며, 눈물을 흘리기 시작한다. 영적 아기가 탄생할 순간이 임박했고, 진통이 심해진다. 우리 모두의 어머니인 은혜는 신비하게 영혼, 즉 하나님의 형상을 낳으려고 서두른다. 그것을 다가올 세대의 빛에게로 데려가려고 한다. 탄생의 시간이 이르면, 지성은 다른 세상의 일들에 대해서 무엇인가를 감지하기 시작한다. 희미한 향기처럼, 혹은 새로 태어난 아기가 그 몸에 받아들이는 생명의 숨처럼 감지한다. 그러나 우리는 그러한 경험에 익숙해져 있

지 않으며, 그것을 견디기 어렵게 여기기 때문에 갑자기 기쁨의 눈물을 흘린다.[14]

눈물에는 여러 종류가 있는데, 모두가 성령의 은사는 아니다. 신령한 눈물 외에 분노의 눈물, 좌절의 눈물, 자기 연민의 눈물, 감정적이고 감상적인 눈물도 있다. 따라서 눈물을 분별할 줄 알아야 한다. 여기에서 노련한 영적 지도자, 즉 원로(starets)의 도움을 구하는 일의 중요성이 부각된다. "방언"의 경우에 분별이 한층 더 필요하다. 종종 방언을 통해서 말하는 것이 하나님의 영이 아니라 자기 암시나 집단 히스테리라는 지극히 인간적인 영인 경우가 많다. 심지어 방언이 귀신들림의 형태일 수도 있다. "사랑하는 자들아 영을 다 믿지 말고 오직 영들이 하나님께 속하였나 분별하라"(요일 4:1).

그러므로 정교회에서는 성령을 직접 체험하는 일의 필요성을 강조하지만, 동시에 분별과 절제도 강조한다. 눈물의 은사를 비롯하여 여러 가지 성령의 은사에 참여할 때에는 환상과 정서적 흥분을 깨끗이 제거해야 한다. 영적 은사들을 배격해서는 안 되지만, 그러한 은사들 자체를 목적으로 삼고 추구해도 안 된다. 기도생활에서 우리의 목표는 특별한 종류의 감정이나 감각적인 경험을 획득하는 데 있는 것이 아니라, 하나님의 뜻에 우리의 뜻을 일치시키는 데 있다. 바울은 고린도 교인들에게 "내가 구하는 것은 너희의 재물이 아니요 오직 너희니라"(고후 12:14)고 말

---

14) St. Issac the Syrian, *Ascetical Homilies* 37 (35) and 14, tr. Holy Transfiguration Monastery, pp. 174, 82-83.

한다. 우리도 하나님께 같은 말을 한다. 우리는 선물을 구하는 것이 아니라 선물을 주시는 분을 구한다.

성령께 드리는 기원

오소서, 참 빛이시여.

오소서, 영원한 생명이시여.

오소서, 감추인 신비여.

오소서, 이름 없는 보물이며.

오소서, 말을 초월하는 실재여.

오소서, 이해를 초월하는 분이시여.

오소서, 끝없는 기쁨이시여

오소서, 밤을 모르는 빛이시여.

오소서, 구원받은 자들의 확실한 소망이시여.

오소서, 타락한 자들을 일으켜 주시는 분이시여

오소서, 죽은 자들의 부활이시여.

오소서, 전능한 분이시여. 당신은 쉬지 않고 창조하시며,

오직 당신의 뜻에 의해서 만물을 고치시고 변화시키십니다.

오소서, 아무도 만지거나 조종할 수 없는 보이지 않는 분이시여.

오소서, 당신은 항상 움직이지 않으시나,

매 순간 완전히 움직임 안에 계십니다.

당신은 음부에 있는 우리에게 가까이 오시지만,

여전히 하늘보다 더 높이 머물러 계십니다.

오소서, 당신의 이름은 우리 마음에 갈망함으로 채우시며,

항상 우리 입술에 계십니다. 그러나 당신이 누구신지, 당신의 본성이

어떤 것인지 우리는 알지 못하고 말하지도 못합니다.

오소서, 외로운 자들에게 홀로 오소서.

오소서, 당신은 내 안에 있는 소원이십니다.

오소서, 나의 호흡과 생명이시여.

오소서, 내 비천한 영혼의 위로시여.

오소서, 나의 기쁨, 나의 영광, 나의 끝없는 즐거움이시여.[15]

신신학자 시므온

성령은 빛이요 생명이며,

지식의 생명샘이요

지혜의 영이시요

이해의 영이시요

사랑 많으시고 의로우시며 지식과 권능이 충만하십니다.

우리의 죄를 씻어 주십니다.

---

15) St. Symeon the New Theologian, *Hymns*: "Invocation to the Holy Spirit", ed. Koder, vol. i, pp. 150-2, tr. Maloney, p. 9.

하나님이시며 우리를 신화(神化)시켜 주십니다.

불에서 나오는 불이시요

말씀하시고, 일하시고, 은혜의 은사들을 나누어 주십니다.

그분은 모든 선지자들과 하나님의 사도들과 순교자들에게 면류관을 주십니다.

기이한 소식이며, 오순절 때에 본 것은 기이한 것이었습니다.

불이 내려와 각 사람에게 은혜의 선물들을 주셨습니다.[16]

오순절 대 만과(저녁기도) 중에서

정교회 방식으로 세례를 받은 사람들은 은밀하게 충만한 은혜를 받았습니다. 그가 나아가 계명을 지킨다면 자기 안에 있는 이 은혜를 의식적으로 자각하게 될 것입니다.

사람이 믿음으로 아무리 멀리 나아간다고 해도, 아무리 큰 축복을 받는다고 해도 그는 자신이 이미 세례를 통해서 은밀하게 받은 것보다 더 큰 것을 발견하지 못하며, 발견할 수도 없습니다.

완전한 하나님이신 그리스도께서 세례 받은 사람들에게 완전한 성령의 은혜를 주십니다. 우리는 그 은혜에 무엇을 더할 수 없지만, 우리가 계명들을 성취하는 데 비례해서 그것이 우리에게 계시되고 현시됩니다. 우리가 거듭난 후에 드리는 모든 것은 이미 우리 안에 있었던 것이

---

16) *The Pentecostarion*, pp. 418-20.

17) St. Mark the Monk, *On those who think that they are made righteous by works 85; On Baptism* (PG 65, 955A, 1029BC).

며 원래 그분에게서 온 것입니다.[17]

수도사 마르코(St. Mark the Monk)

거룩한 사람들은 자기를 내세우지 않으며, 서로 증인이 됩니다. 그렇기 때문에 다마스커스의 요한은 "아들은 아버지의 형상이요, 성령은 아들의 형상이다"라고 말했습니다. 삼위일체 중 제3위는 유일하게 다른 위격 안에 자신의 형상을 갖지 않습니다. 한 위격이신 성령은 드러나지 않고 감추어져 계시며, 나타나시는 때에도 자신을 감추십니다…. 성령은 그리스도에게 임한 지고한 기름(unction)이며, 그리스도와 함께 내세에서 다스리라고 부름을 받은 모든 그리스도교인들에게 임한 기름입니다. 지금은 알려지지 않았고, 삼위일체 중 다른 위격 안에 자기 형상을 소유하지 않은 이 거룩한 위격이 그 때에는 신화된 사람들 안에 자신을 나타내실 것입니다. 허다한 성도들이 그의 형상이 될 것입니다.[18]

블라디미르 로스키

성령은 모든 것을 공급해 주십니다.
그분은 예언이 솟아오르게 하십니다.
그분은 사제들을 거룩하게 하십니다.
그분은 글을 알지 못하는 사람들에게 지혜를 가르쳐 주십니다.
그분은 어부들을 신학자로 만드십니다.

---

18) Vladimir Lossky, *The Mystical Theology of the Eastern Church*, pp. 160, 173.

그분은 교회의 구조 전체를 일치하게 하십니다.

아버지와 아들과 동일본질이시며 함께 보좌에 계시는 분,

오, 성령께 찬양을 드립니다.[19]

오순절 대 만과(저녁기도) 중에서

---

19) *The Pentecostarion*, p. 404.

제6장

기도가 되시는 하나님

그런즉 이제는 내가 사는 것이 아니요 오직 내 안에 그리스도께서 사시는 것이라.
갈라디아서 2:20

기도가 없으면 생명이 없다. 기도가 없으면 미침과 공포만 있다.
정교회의 생명은 기도의 은사 안에 있다.[1]
바실리 로자노프(Vasilii Rozanov)

형제들이 압바 아가톤에게 "아버지여, 우리의 여러 가지 행동 중에서 어느 것이 가장 큰 노력을 요하는 덕입니까?"라고 물었다. 아가톤은 이렇게 대답했다: "용서해 주시오. 나는 하나님께 기도하는 것보다 더 위대한 일은 없다고 생각합니다. 사람이 기도하기를 원할 때마다 원수 마귀들이 방해합니다. 이는 하나님께 드리는 기도만큼 자기들에게 방해가 되는 것이 없다는 것을 알기 때문입니다. 그 외에 사람이 하는 다른 일에서는 견인하면 안식을 얻을 것입니다. 그러나 기도하려면 숨이 끊어질 때까지 애써 노력해야 합니다."[2]
사막 교부들의 금언

---

1) Vasilii Rozanov, *Solitaria* (Wishart, London, 1927), pp. 84, 119.
2) *The Sayings of the Desert Fathers*, alphabetical collection, Antony 9, tr. Ward, pp. 21-22.

영적 여행의 세 단계

사제로 서임된 직후 나는 어느 그리스 주교에게 설교에 대한 충고를 청했다. 그는 특별하고 간결하게 대답했다. "설교에는 더도 말고 덜도 말고 세 가지 요점이 포함되어야 합니다."

영적 여행도 일반적으로 세 단계로 나뉜다. 아레오파고 사람 디오니시우스(St. Dionysius the Areopagite)는 서방 세계에서 종종 채택되는 구조인 정화, 조명, 합일로 나눈다. 닛사의 그레고리(Gregory of Nyssa)는 모세의 일생을 모델로 삼아 빛, 구름, 어둠을 말한다. 그러나 이 장에서는 오리겐이 고안해 냈고 에바그리우스가 정교하게 다듬었으며 참회자 막시무스에 의해 완전히 발달된 것, 앞의 것과는 약간 다른 삼중 구조를 다루려 한다. 첫 단계는 *praktiki*(덕의 실천)이고, 둘째 단계는 *physiki*(자연 관상)이고, 영적 여행의 종착점인 셋째 단계는 *theologia*(엄격한 의미에서의 신학), 즉 하나님 관상이다.

첫 단계인 덕의 실천은 회개와 더불어 시작된다. 세례 받은 신자는 양심의 소리에 귀를 기울이고 자유의지의 힘을 발휘함으로써 하나님의 도움을 받아 정욕적인 충동의 노예 상태에서 벗어나려고 노력한다. 그는 계명을 실천하고, 옳고 그름에 대한 인식이 성장하고, "마땅히 해야 할 일"에 대한 의식을 발달시킴으로써 점차 깨끗한 마음을 획득한다. 이것이 첫 단계의 궁극적인 목표이다. 두 번째 단계인 자연에 대한 관상에서, 그리스도교인은 피조물들의 "존재함"(isness)의 인식을 연마함으로써 창조주께서 만물 안에 임재하심을 발견한다. 이 단계를 거쳐 세 번째 단계인 하나님을 직접 보는 일에 도달한다. 하나님은 만물 안에 계실 뿐만 아니라 만물 위에, 그리고 만물을 초월하여 계시다. 세 번째 단계에서 그리스도인은 양심이나 피조물의 중재를 통해서만 하나님을 경험하는 것이 아니라 매개물이 없이 이루어지는 사랑의 합일 안에서 창조주를 직접 대면하여 만난다. 하나님의 영광을 완전히 보는 일은 내세에서 이루어지겠지만, 현세에서도 성도들은 장차 임할 추수의 첫 열매와 확실한 보증을 누린다.

간혹 첫 단계를 "활동적인 생활"(active life)이라고 하고, 둘째 단계와 셋째 단계를 통틀어 "관상생활"(contemplative life)이라고도 한다. 정교회의 저술가들은 일반적으로 외적 상태가 아니라 내적인 영적 상태를 언급할 때에 이러한 용어를 사용한다. 사회사업가나 선교사만이 "활동적인 생활"을 하는 것이 아니다. 은수사나 은둔자도 정욕을 극복하고 덕의 성장을 위해 노력하는 한 활동적인 생활을 한다. 마찬가지로 "관상생활"이 사막이나 수도적인 봉쇄에 제한되는 것이 아니다. 광부, 타자수, 가정부 등도 내적 침묵과 마음의 기도를 소유할 수 있으며, 그럼으로써 참된 의미에서 관상적인 사람이 될 수 있다. 『사막 교부들의 금언』에 독수도자들 중 가장 위대한 인물인 성 안토니에 대한 다음과 같은 이야기가 있다:

사막의 압바 안토니에게 이러한 계시가 임했다: "도시에 너와 대등한 사람이 있는데, 그 사람의 직업은 의사이다. 그는 자신에게 남는 것이 있으면 모조리 궁핍한 사람들에게 나누어 주며, 하루 종일 천사들과 함께 세 번 거룩을 노래하는 찬양송을 부른다."[3]

영적 여행의 삼 단계라는 이미지가 유익하기는 하지만, 지나치게 문자적으로 취해서는 안 된다. 기도는 인격들 사이의 살아 있는 관계인데, 개인적인 관계는 적절하게 분류될 수 없다. 특히, 이 세 단계가 엄격하게 연속적으로 이어지는 것이 아님이 강조되어야 한다. 우리가 회개하여 활동적인 생활에 헌신하기 전에, 하나님께서 예기치 않게 하나님의 영광을 직접 보는 선물을 주시기도 한다. 반대로 우리가 하나님에 의해서 관상의 신비에 아무리 깊이 들어간다 해도, 세상에 사는 한 우리는 시험을 대적하는 싸움을 계속해야 한다. 이 세상에서의 삶이 끝날 때까지 계속 회개해야 한다. 이집트의 성 안토니(St. Anthony)는 "사람은 마지막 숨을 거둘 때까지 시험을 받을 것이라고 생각해야 한다"고 주장한다. 『사막 교부들의 금언』에는 거룩하고 많은 사랑을 받은 원로들 중 한 사람인 압바 시소이스(Sisois)의 죽음을 묘사한 내용이 있다. 시소이스의 주위에 둘러앉은 형제들은 그의 입술이 움직이는 것을 보았다. 그들은 "아버지여, 누구와 말씀하고 싶으십니까?"라고 물었다. 그는 "보아라. 천사들이 나를 데리러 왔다. 나는 그들에게 시간을 달라고, 회개할 시간을 달라고 요청하고 있다"라고 말했다. 제자들은 "선생님은 더 이상 회개할 필요가 없습니다"라고 말했다. 그러나 시소이스는 "내가 정말로 회개를 시작했는지조차 확실치 않다"[4]고 말했다. 그리고 나서 숨을 거

---

3) *The Sayings of the Desert Fathers*, alphabetical collection, Antony 24, tr. Ward, p. 6.

두었다. 영적 자녀들이 볼 때에 그는 이미 완전했지만, 그 자신이 볼 때에는 아직 출발점에 서 있었던 것이다.

이 세상에서는 아무도 첫 단계를 넘어섰다고 주장할 수 없다. 이 세 단계는 연속적인 과정이 아니라 동시적인 것이다. 영성생활에 대해서 생각할 때에는, 상호 의존적이며 상호 공존하는 세 개의 깊어지는 단계로 생각해야 한다.

세 개의 전제

이 세 단계를 더 깊이 다루기 전에, 먼저 영적 여행의 모든 지점에서 필요하다고 생각되는 필수적인 세 가지 요소에 대해 다루는 것이 지혜로울 것이다.

첫째, 영적인 길을 가는 여행자는 교회의 지체라고 생각된다. 영적 여행은 홀로 고립하여 하는 것이 아니라 다른 지체들과의 교제를 통해 이루어진다. 정교회 전통에서는 참 그리스도교 신앙의 교회적 특성을 크게 의식한다. 앞에서 인용했던 바 알렉세이 코미아코프의 글을 다시 인용하여 완성해 보자.

홀로 구원 받는 사람은 없다. 구원 받는 사람은 교회 안에서, 교회의 지

---

4) *The Sayings of the Desert Fathers*, alphabetical collection, Antony 4 and Sisois 14, tr. Ward, pp. 2, 215.

체로서, 그리고 다른 모든 지체들과 연합하여 구원 받는다. 믿는 사람은 믿음의 교제 안에 거한다. 믿는 사람은 사랑의 교제 안에 거한다. 기도하는 사람은 기도의 교제 안에 거한다.[5]

알렉산더 엘카니노프(Alexander Elchaninov) 수사는 다음과 같이 말했다:

고립되어 사는 사람들의 특징은 무지와 죄이다. 우리는 교회의 일치 안에서만 이러한 결점들을 극복할 수 있다. 교회 안에서만 자신의 참 자아를 발견한다. 영적 고립의 무력함 안에서가 아니라, 형제들과 구주와 함께 하는 교제의 힘 안에서 자신의 참 자아를 발견한다.[6]

물론 사람들 중에는 지적으로 그리스도와 교회를 거부하는 사람, 그리스도에 대해서 들어본 적도 없는 사람들이 많다. 그러나 이런 사람들도 자신이 모르는 중에 마음속 깊은 곳에서, 그리고 삶 전체의 암시적인 방향으로 볼 때에는 주님의 참된 종이다. 하나님은 이 세상에서 교회에 속하지 않았던 사람들을 구원하실 수 있다. 그러나 우리 편에서 볼 때, 그렇다고 해서 "나에게는 교회가 필요하지 않다"고 말할 수 없다. 그리스도교 안에는 정상적인 교회의 지체가 되어야 하는 의무에서 면제되는 영적 엘리트는 없다. 사막에서 생활한 독수도자는 교회인인 동시에 그

---

5) Aleksei Khomiakov, "The Church is One", §9, in Birkbeck, *Russia and the English Church*, p. 216.
6) Alexander Elchaninov, *The Diary of a Russian Priest* (Faber & Faber, London, 1967), p. 87.

도시의 기술자이다. 어떤 관점에서 보면 수덕적이고 신비적인 길은 "홀로 거하는 사람이 홀로 거하시는 분에게로 도약하는 것"이지만, 동시에 본질적으로 사회적이고 공동체적인 것이기도 하다. 그리스도교인이란 형제들과 자매들을 가진 사람이다. 그는 교회라는 하나의 가정에 속한다.

둘째, 영적 여행에서는 교회 안에서의 삶뿐만 아니라 성례전 안에서의 삶도 필요하다고 가정한다. 니콜라스 카바실라스가 강조한 것처럼 성례전은 그리스도 안에 있는 우리의 삶을 구성한다. 여기에도 엘리트 의식이 차지할 자리가 없다. 평범한 그리스도교인을 위한 길(성례전에 중심을 둔 집단 예배)이 있고 내적 기도의 소명을 받은 선택된 소수의 사람들을 위한 길이 있다고 생각해서는 안 된다. 길은 오직 하나이다. 성례전의 길과 내적 기도의 길은 선택할 수 있는 두 가지 방법이 아니라 하나의 통일체이다. 성례전을 기계적인 의식으로만 취급하는 사람이 참 그리스도교인일 수 없듯이, 성례전에 참여하지 않는 사람도 참 그리스도교인이라고 할 수 없다. 사막에서 생활하는 은수사는 도시에서 생활하는 그리스도교인만큼 자주 성찬을 받을 수 없을 것이다. 이것은 성례전이 은수사에게 덜 중요하다는 의미가 아니라, 단지 성례전적 삶의 리듬이 다르다는 것을 의미한다. 확실히 하나님은 세례 받지 않은 사람들을 구원하실 수 있다. 그러나 하나님은 성례전에 구애되지 않으시지만, 우리는 성례전에 구애된다.

앞에서 수도사 마르코와 더불어 수덕적이고 신비적인 삶은 이미 세례 안에 포함되어 있다는 것을 살펴보았다. 그러나 우리가 영적 여행에서 아무리 멀리 나아가도 우리가 발견하는 것은 계시, 또는 세례의 은혜의 현시에 불과하다. 성찬에 대해서도 같은 말을 할 수 있다. 수덕생활과 신비생활은 구주이신 그리스도와 우리의 성찬의 연합을 깊게 하는 것이요 실현이다. 정교회에서는 세례를 받은 순간부터 유아들에게 성찬을 준다. 이것은 정교회 신자들이 소유하는 가장 어린 시절의 교회에 대한 기억이 그리스도의 몸과 피를 받기 위해 나아온 것이며, 그의 삶에서 최후의 의식적인 행동 역시 성찬을 받는 일이 될 것임을 의미한다. 따라서 정교회 신자의 성찬 체험은 삶 전반에 확대된다. 무엇보다도 성찬을 통해서 신자는 그리스도와 하나가 되고 그리스도와 연합하며, 그리스도화되고 신화된다. 그는 성찬을 통해서 영원의 첫 열매들을 받는다. 시리아인 이삭은 이렇게 말했다:

사랑의 떡, 즉 예수를 먹은 사람이 복되도다. 그는 이 세상에 있으면서도 부활의 공기를 호흡한다. 의인들은 죽은 자들 가운데서 부활한 후에 그 안에서 즐거워할 것이다.[7]

니콜라스 카바실라스는 "인간적인 노력은 이 세상에서 그 궁극적인 목표에 도달한다. 이는 성례 안에서 우리가 하나님 자신을 획득하며, 하나님 자신은 완벽한 합일 안에서 우리와 하나가 되기 때문이다.…이것이 최종적인 신비이다: 이것을 넘어갈 수도 없고 무엇을 추가할 수도 없다"[8]고 말했다.

---

7) St. Issac the Syrian, *Ascetical Homilies* 46 (43), tr. Holy Transfiguration Monastery, p. 224.

영적 여행은 교회적이고 성례전적일 뿐만 아니라 복음적이기도 하다. 이것이 정교회 신자에게 필요하다고 가정되는 세 번째 요소이다. 그 길을 갈 때에, 우리는 걸음마다 성령을 통해서 말씀하시는 하나님의 음성의 지도를 받아야 한다. 『사막 교부들의 금언』을 보면, "원로들은 '하나님이 신자들에게 요구하시는 것은 오직 성경에 귀를 기울이며 성경에서 말한 것들을 실천하는 것뿐이다'라고 말하곤 했다."[9] (그러나 그 책의 다른 곳에서는 성경을 제대로 적용하는 데 도움을 받기 위해 영적 교부들의 지도를 받는 일이 중요하다고 강조한다.) 어떤 사람이 성 안토니에게 "하나님을 기쁘시게 하려면 어떤 규칙을 지켜야 합니까?"라고 물었다. 안토니는 "어디를 가든지 항상 하나님을 눈앞에 두며, 무슨 일을 하고 무슨 말을 하든지 성경의 본보기를 따르며, 어디에 거하든지 서둘러 다른 곳으로 이동하지 마십시오. 이 세 가지를 지키면 하나님을 기쁘시게 할 수 있을 것입니다"[10]라고 대답했다. 모스크바 총대주교 필라렛(Philaret)은 "유일하게 순수하고 충분한 믿음의 교리의 원천은 성경에 담겨 있는 계시된 하나님의 말씀이다"[11]라고 말했다.

이그나티 브리안카니노프(St. Ignatii Brianchaninov)는 수도원에 입회하

---

8) St. Nicolas Cabasilas, *The Life in Christ* iv, 10 and 3, ed. Congourdeau, pp. 270, 264, tr. de Catanzaro, pp. 116, 114.
9) *The Sayings of the Desert Fathers*, tr. Wallis Budge, *The Paradise or Garden of the Holy Fathers*, vol. ii, p. 216.
10) *The Sayings of the Desert Fathers*, alphabetical collection, Antony 3, tr. Ward, p. 2.
11) Metropolitan Philaret of Moscow, "Comparison of the Differences in the Doctrines of Faith betwixt the Eastern and Western Churches", in Robert Pinkerton, *Russia* (Seeley & Sons, London, 1833), p. 41.

여 수련수사가 되려는 사람에게 다음과 같은 교훈을 주었는데, 이것은 평신도들에게도 적용된다.

> 수도사는 수도원에 들어오는 순간부터 복음서를 읽는 일에 관심을 기울여야 합니다. 그는 복음서를 열심히 공부하여 암송할 정도에 이르러야 하며, 행동이나 생각과 관련하여 도덕적인 결정을 내릴 때마다 복음서의 가르침을 기억해야 합니다.…죽을 때까지 복음서를 계속 공부해야 합니다. 절대로 멈추어서는 안 됩니다. 복음서를 암송할 수 있다고 해서 복음서를 충분히 안다고 생각해서는 안 됩니다.[12]

지난 2세기 동안 서방 세계에서 행해져온 비평적 성경공부에 대해서 정교회는 어떤 태도를 취하는가? 우리의 추론적인 지성은 하나님이 주신 선물이므로, 성경의 기원에 대한 학문적 탐구에도 합법적인 면이 있다. 정교회 신자들은 이러한 탐구 전체를 거부해서는 안 되지만, 그것을 완전히 받아들여서도 안 된다. 우리는 성경이 단순한 역사적 문서들의 집성(集成)이 아니라 하나님의 말씀을 담고 있는 교회의 책이라는 사실을 항상 염두에 두어야 한다. 따라서 우리는 각기 개인으로서 고립되어 성경을 읽으며 개인적인 이해에 비추어 그것을 해석하거나 편집 비평 또는 양식 비평이라는 원전에 대한 현행의 이론들에 의거하여 해석하지 않는다. 우리는 교회의 지체로서, 모든 세대의 모든 신자들과의 교제 안

---

12) St. Ignatii Brianchaninov, *The Arena: An Offering to Contemporary Monasticism* (Midras, 1970), pp. 3, 15.

에서 성경을 읽는다. 우리의 성경 해석의 궁극적인 기준은 교회의 정신이다. 이것은 거룩한 전통에서 성경의 의미가 어떻게 설명되고 적용되는지를 항상 염두에 두는 것을 의미한다. 다시 말해서 교부들과 성인들은 성경을 어떻게 이해하는지, 그리고 예배에서 그것이 어떻게 사용되는지를 염두에 두는 것을 의미한다.

우리는 성경을 읽을 때에 항상 정보를 수집하며, 애매한 문장의 의미와 씨름하며, 비교하고 분석한다. 그러나 이것은 부차적인 것이다. 성경 공부의 진정한 목적은 그 이상의 것으로서 그리스도를 향한 사랑을 양성하는 것, 마음에 기도의 불을 붙이는 것, 그리고 우리의 개인적인 삶에 대한 지도를 받는 데 있다. 단어 공부가 아니라 살아 있는 말씀 자체와의 직접적인 대화가 이루어져야 한다. 자돈스크의 티콘(St. Tikhon of Zadonsk)은 "당신이 복음서를 읽을 때마다 그리스도께서 당신에게 말씀하십니다. 그리고 복음서를 읽는 동안 당신은 기도하며 그리스도와 대화를 합니다"[13]고 말한다.

이처럼 정교회에서는 집중하여 천천히 성경을 읽는 것을 권장하는데, 그렇게 함으로써 우리는 성경공부를 통해서 직접 기도할 수 있게 된다. 이것은 베네딕트 수도회와 시토 수도회의 렉시오 디비나(lectio divina, 영적 독서)의 경우와 같다. 그러나 일반적으로 정교회에서는 영적 독서를 위한 상세한 규칙이나 방법을 제공하지 않는다. 정교회의 영적 전통에서는 서방에서 역종교개혁 시대에 로욜라의 이그나티우스나 프랑수와

---

[13] St. Tikhon of Zadonsk: in Nadejda Gorodotsky, *Saint Tikhon Zadonsk, Inspirer of Dostoevsky* (SPCK, London, 1951), p. 119.

드 살레(François de Sales)가 상세하게 규정한 것과 같은 "추론적인 묵상"의 체계를 거의 사용하지 않는다. 정교회에서 그러한 방법의 필요성을 거의 느끼지 못하는 한 가지 이유는, 그들이 큰 축일이나 사순절 기간에 참여하는 성찬 예배가 일반적으로 대단히 길며 핵심적인 본문들과 상징들을 자주 반복하기 때문이다. 이것이 예배자들의 영적 상상력을 양육하기에 충분하므로, 날마다 공적인 묵상 시간에 교회 예배의 메시지를 재고하여 발달시킬 필요가 없다.

기도하는 방법으로 접근해 보면, 성경은 먼 과거에 작성된 글이 아니라 지금 여기에서 나에게 직접 말해지는 메시지이다. 수도사 마르코(St. Mark the Monk)는 "생각이 겸손하며 영적인 일에 몰두하는 사람은 성경을 읽으면서 모든 것을 다른 사람이 아닌 자기 자신에게 적용할 것이다"[14]라고 말한다. 특별하게 하나님의 감동으로 기록되어 신자들에게 개인적으로 말해진 책인 성경은 성례전적 능력을 소유하며, 독자에게 은혜를 전달해 주고, 그를 결정적인 만남의 지점으로 인도해 준다. 비평적 학문이 결코 배제되지는 않지만, 성경의 참 의미는 추론적 지성은 물론이요 영적 지성을 발휘하면서 성경을 공부하는 사람들에게만 분명히 드러날 것이다.

교회, 성례전, 성경은 우리의 영적 여행에 필요하다고 가정되는 조건들이다. 이제 활동적인 삶 또는 덕의 실천, 자연 관상, 하나님 관상 등 세 단계를 고찰해 보려 한다.

---

14) St. Mark the Monk, *On the Spiritual Law* 4 (PG 65: 905B).

천국은 침노당한다

활동적인 삶에는 인간 편에서의 노력, 분투, 자유의지의 꾸준한 발휘가 요구된다.

"생명으로 인도하는 문은 좁고 길이 협착하여 찾는 자가 적음이라…나더러 주여 주여 하는 자마다 다 천국에 들어갈 것이 아니요 다만 하늘에 계신 내 아버지의 뜻대로 행하는 자라야 들어가리라" (마 7:14, 21).

우리는 상호 보완적인 두 진리의 균형을 이루어야 한다: 하나님의 은혜가 없으면 우리는 아무것도 할 수 없다; 그러나 우리의 자발적인 협력이 없으면, 하나님은 아무것도 하실 수 없을 것이다.

"인간의 뜻은 필수 조건이다. 그것이 없으면 하나님은 아무 일도 하시지 않기 때문이다" (마카리우스의 신령한 설교).[15]

구원은 동등한 가치를 지니는 것은 아니지만 반드시 필요한 두 가지 요인-하나님의 주도권과 인간의 반응-의 집중에 따른 결과이다. 하나님이 행하시는 것이 비교할 수 없이 더 중요하지만, 인간의 참여도 요구된다.

---

15) *The Homilies of St. Macarius* xxxvii, 10, tr. Maloney, p. 403.

타락하지 않은 세상이라면, 하나님의 사랑에 대한 인간의 반응은 완전히 자발적이고 즐거운 것일 것이다. 타락한 세상에도 자발성과 기쁨이라는 요소는 여전히 존재하지만, 원죄와 개인적인 죄의 결과인 뿌리 깊은 습관들과 성향들을 분명하게 대적해야 한다. 영적 여행을 하는 여행자에게 필요한 가장 중요한 성품은 견인(堅忍)이다. 산을 오르는 사람에게 인내가 필요하듯이, 하나님의 산을 오르려는 사람에게도 인내가 필요하다.

인간은 타락한 자아를 난폭하게 다루어야 한다. 천국은 침노를 당하며, 난폭한 사람이 힘으로 천국을 취하기 때문이다(마 11:12). 우리가 영적 여행을 하는 동안 지도자들은 되풀이하여 이것을 말해 준다. 그들은 수도사와 수녀들뿐만 아니라 결혼한 신자들에게도 그것을 기억해야 한다고 말한다.

> 하나님은 사람에게 모든 것-그의 정신과 이성과 모든 행동-을 요구하신다.…그대는 죽을 때에 구원 받기를 원하는가? 지치도록 일하라. 노동하라. 구하라. 그러면 찾을 것이다. 두드리라. 그러면 열릴 것이다.[16]
>
> 사막 교부들의 금언

현세는 휴식과 수면의 시대가 아니다. 이 시대는 투쟁, 전투, 시장, 학교, 항해의 시대이다. 그러므로 낙심하거나 게으르지 말고 근면하며,

---

16) *The Sayings of the Desert Fathers*, Anonymous Collection, 122, ed. F. Nau, *Revue de l'Orient chretien* 12 (1907), p. 403.

거룩한 행동에 헌신해야 한다.[17]

발라모의 나자리우스

노력 없이 되는 일은 하나도 없다. 하나님의 도움은 항상 준비되어 있고, 가까이에 있다. 그러나 그것은 구하고 노력하는 사람들, 모든 능력을 다해서 시험해 본 후에 전심으로 주께 도움을 구하는 사람들에게만 주어진다.[18]

은둔자 테오판

환난을 통해서 평화를 얻는다.[19]

사로프의 세라핌

휴식은 묵상(피정)과 같은 것이다.[20]

티토 콜리안더

그러나 이러한 엄격함 때문에 낙심하지 않으려면, '열심히 일하는 사람들의 입장에서 보면 인간의 일생은 하루에 불과하다' 라는 말을 기억해

---

17) Starets Nazarii of Valamo: in *Little Russian Philokalia*, vol. ii, tr. Fr Seraphim Rose (Saint Herman of Alaska Brotherhood, Platina, 1983), p. 28.
18) St. Theophan the Recluse: in Igumen Chariton of Valamo, *The Art of Prayer: An Orthodox Anthology* (Faber & Faber, London, 1966), p. 133.
19) St. Seraphim of Sarov: in *Gorainoff, Séraphim de Sarov*, p. 234.
20) Tito Colliander, *The Way of Ascetics*, p. 55.

야 한다.[21]

사막 교부들의 금언

노력과 고난에 대한 이런 말들의 실제 의미는 무엇일까? 그것은 우리가 날마다 살아 있는 기도를 통해서 하나님과의 관계를 새롭게 해야 한다는 의미이다. 압바 아가톤(Agathon)이 말한 것처럼, 기도는 우리가 해야 하는 일 중에서 가장 어려운 일이다. 만일 우리가 기도를 어렵게 여기지 않는다면, 그것은 우리가 기도를 시작조차 하지 않았기 때문일 것이다. 또한 그것들은 날마다 상상적인 동정심을 통해서, 실질적인 긍휼의 행위를 통해서, 그리고 이기심을 제거함을 통해서 사람들과의 관계를 새롭게 해야 한다는 것도 의미한다. 단 한 번의 장엄한 몸짓을 통해서 단번에 영구히 그리스도의 십자가를 지는 것이 아니라 날마다 새롭게 십자가를 져야 한다는 것을 의미한다: "아무든지 나를 따라오려거든 자기를 부인하고 날마다 제 십자가를 지고 나를 따를 것이니라"(눅 9:23). 날마다 십자가를 지는 것은 주님의 변모와 부활에 날마다 동참하는 것이기도 하다: "죽은 자 같으나 보라 우리가 살아 있고…근심하는 자 같으나 항상 기뻐하고 가난한 자 같으나 많은 사람을 부요하게 하고 아무 것도 없는 자 같으나 모든 것을 가진 자로다"(고후 6:9, 10).

---

21) *The Sayings of the Desert Fathers*, alphabetical collection, Gregory the Theologian 2, tr. Ward, p. 45.

마음의 변화

이것은 활동적인 삶의 일반적인 특성이다. 거기에는 특히 네 가지 특징이 있다: 회개, 경성함, 분별, 마음을 지킴. 이것들을 각기 간단하게 살펴 보기로 하자.

"구원의 출발점은 자기를 정죄하는 것이다" (에바그리우스).

회개는 영적 여행의 출발점이다. 헬라어 *metanoia*는 주로 "마음의 변화"를 의미한다. 정확히 이해하자면, 회개는 부정적인 것이 아니라 긍정적인 것이다. 그것은 자기 연민이나 회오가 아니라 회심, 삶 전체의 중심을 삼위일체께 복귀시키는 것을 의미한다. 그것은 후회하는 마음으로 뒤를 돌아보는 것이 아니라 희망을 가지고 앞을 내다보는 것이다. 우리 자신의 결점을 내려다보는 것이 아니라 하나님의 사랑을 올려다보는 것이다. 그것은 우리가 이루지 못한 존재를 보는 것이 아니라 하나님의 은혜로 말미암아 어떤 존재가 될 수 있는지를 살펴보는 것이며, 또 보는 것에 입각하여 행동하는 것이다. 회개한다는 것은 눈을 뜨고 빛을 바라보는 것이다. 이런 의미에서 회개는 단순히 하나의 행동, 입문적 단계가 아니라 지속적인 상태, 인생이 끝나는 순간까지 끊임없이 새롭게 되어야 하는 마음과 뜻의 태도이다. 스케티스의 이사야(St. Isaias of Sketis)는 "하나님은 우리가 숨을 거둘 때까지 회개할 것을 요구하신다"[22]라고 말했다. 시리아의 이삭은 "이 세상에서의 삶은 회개를 위해서 주어진 것이다. 다른 일에 삶을 허비해서는 안 된다"[23]라고 말했다.

회개한다는 것은 깨어나는 것(경성함)이다. 회개, 마음의 변화는 깨어 경성함으로 이어진다. 여기에서 헬라어 *nepsis*는 문자 그대로 제정신과 깨어 지킴을 의미하며, 환각 상태나 술에 취해 인사불성이 된 상태의 반대가 된다. 그러므로 영성생활에 있어서 그것은 주의 집중, 철야, 마음의 침잠을 의미한다. 탕자가 회개했을 때에 "스스로 돌이켰다"고 표현되었다(눅 15:17). 회개하는 사람은 스스로 돌이킨 사람, 백일몽을 꾸면서 덧없는 충동을 받아 목적 없이 밀려다니는 사람이 아니라 방향 감각과 목적의식을 소유한 사람이다. 『진리의 복음』(*The Gospel of Truth*, 2세기 중엽)에서는 그것을 "그는 술 취했다가 깨어나 정신이 돌아온 사람과 흡사하다.…그는 자신이 어디에서 와서 어디로 가는지를 안다"[24]라고 표현한다.

경성함이란 특별한 공간과 특별한 시간에 자신이 있는 곳에 현존하는 것을 의미한다. 우리는 종종 방심하거나 정신이 분산된다. 우리는 현재에 주의를 집중하지 않고 과거를 그리워하거나, 혹은 미래를 염려하든지 희망적인 생각을 하며 살아간다. 실제로 우리는 미래를 위한 계획을 세워야 할 필요가 있지만(경성함이란 무책임의 반대 개념이다), 현재의 순간

---

22) St. Isaias of Sketis, *Ascetical Homilies* xvi, 11, ed. Monk Avgoustinos (Jerusalem, 1911), p. 100.

23) St. Issac the Syrian, *Ascetical Homilies* 74 (79), (tr.), Holy Transfiguration Monastery, p. 364.

24) *The Gospel of Truth*: in James M. Robinson (tr.), *The Nag Hammadi Library in English* (2nd edn, Brill, Leiden, 1984), p. 40.

에 의존해서만 미래를 생각해야 한다. 우리가 직접 통제할 수 없는 희미한 가능성을 두고 염려하는 것은 완전히 영적 에너지를 낭비하는 일이다.

그러므로 "깨어 경성하는" 사람은 지금 이 순간에 집중한다. 그는 결정적인 기회의 순간인 카이로스(*kairos*)를 포착하는 사람이다. C. S. 루이스(C. S. Lewis)가 『마귀의 지령』(*The Screwtape Letters*)에서 말했듯이, "하나님은 인간이 주로 두 가지-영원, 그리고 현재라고 부르는 순간-에 집중하기를 원하신다. 현재는 시간적으로 영원에 접촉하는 지점이다. 지금 이 순간에만 인간은 하나님께서 전체로서 실제로 소유하고 계신 것을 경험하며, 이 순간에만 자유와 실재가 인간에게 주어진다."[25] 마이스터 에크하르트는 "항상 지금에 거하는 사람 안에서 하나님은 끊임없이 아들을 잉태하신다"[26]고 가르친다.

"경성하는" 사람이란 "지금 이 순간의 성례"를 이해하는 사람, 그리고 그것에 따라 살려고 노력하는 사람이다. 폴 에프도키모프(Paul Evdokimov)의 말을 빌리자면, 그는 스스로에게 "그대가 지금 통과하고 있는 시간, 지금 만나는 사람, 이 순간 종사하고 있는 일-이것들이 그대의 삶에서 항상 제일 중요한 것들이다"[27]라고 말한다. 그는 러스킨(Ruskin)의 문장(紋章)에 기록된 말-"오늘, 오늘, 오늘"-을 표어로 삼는다. "사람이 숨을 거두는 순간까지 외치는 음성이 있는데, 그 음성은

---

25) C. S. Lewis, *The Screwtape Letters*, p. 76.
26) Meister Eckhart: in W. R. Inge, *Light, Life, and Love: Selections from the German Mystics of the Middle Ages* (Methuen, London, 1935), p. 16.
27) Paul Evdokimov, *Sacrament de l'amour. Le mystére conjugal á la lumiére de la tradition orthodoxe* (Epi, Paris, 1962), p. 141.

'오늘 회심하라'고 말한다"[28](사막 교부들의 금언).

경성함과 자기 인식이 성장하면서, 영적 순례자는 분별(*diakrisis*)의 능력을 획득하기 시작한다. 이것은 영적 미각(味覺)으로 작용한다. 미각이 온전한 사람은 음식이 상했는지 완전한지 구분할 수 있듯이, 수덕의 노력과 기도를 통해서 영적 미각을 발달시킨 사람은 자기 안에 있는 여러 가지 생각과 충동을 식별할 수 있다. 그는 선한 것과 악한 것, 피상적인 것과 의미 있는 것, 마귀가 고취한 망상과 천상의 원형에 의해서 창조적 상상력에 각인된 이미지들의 차이점을 알게 된다.

그러므로 인간은 분별을 통해 자기 내면에서 발생하는 것을 세심하게 의식하기 시작하며, 그럼으로써 원수의 유혹이나 도발에 맞서 문을 닫고 마음을 지키는 법을 배운다. "모든 지킬 만한 것 중에 더욱 네 마음을 지키라"(잠 4:23). 정교회의 영적인 본문에서 마음이 언급될 경우, 그것을 성경적인 의미로 이해해야 한다. 마음은 단지 가슴 안에 있는 신체적인 기관을 의미하는 것이 아니며, 애정과 감정들을 의미하는 것이 아니라, 하나님의 형상으로 지음을 받은 인간 존재의 영적 중심-희생과 죽음을 통해서만 들어가야 하는 가장 심오하고 참된 자아, 내적 성소-을 의미한다. 이처럼 마음은 영적 지성과 밀접하게 관련되는데, 이에 대해서는 이미 언급한 바 있다. 어떤 문맥에서는 이 두 용어가 거의 서로 바뀌어 사용된다. 그러나 "마음"의 의미에는 "지성" 이상이 포함된다. 정교회 전통에서 "마음의 기도"는 지성, 의지, 감정, 그리고 육체를 포

---

[28] *The Sayings of the Desert Fathers*, Anonymous Collection, 122, ed. F. Nau, *Revue de l'Orient chretien* 12 (1907), p. 52.

함하여 전인이 드리는 기도를 의미한다.

마음을 지키는 일에서 중요한 것은 정념과의 싸움이다. 여기에서 "정념"이란 단순히 성적인 욕정을 의미하는 것이 아니라 영혼을 거칠게 장악하는 모든 무절제한 욕망과 욕구를 의미한다: 분노, 질투, 탐식, 탐욕, 권세욕, 교만 등. 교부들은 대체로 정념을 본질적으로 악한 것, 즉 인간의 참된 본성과는 어울리지 않는 내적인 질병으로 취급한다. 그러나 일부 교부들은 더 적극적인 관점을 채택하여, 정념이란 원래 하나님께서 인간의 내면에 놓으신 역동적인 충동으로서 비록 죄로 말미암아 비틀어지기는 했지만 근본적으로 선한 것이라고 간주한다. 이 두 번째 견해에 입각해서 볼 때, 우리의 목표는 정념을 제거하는 데 있는 것이 아니라 그 에너지의 흐름을 재조정하는 데 있다. 통제되지 않는 격분을 의분으로, 야비한 질투를 진리를 향한 열심으로, 성적 욕정을 순수한 에로스로 바꾸어야 한다. 그러므로 정념을 죽이는 것이 아니라 정화하며, 박멸하는 것이 아니라 교화하며, 부정적이 아니라 긍정적으로 사용해야 한다. 우리는 자기 자신이나 다른 사람들에게 "억압하라"고 말하지 않고 "변화되라"고 말한다.

이처럼 정념을 정화하기 위한 노력은 영과 육의 차원에서 이루어져야 한다. 영적인 차원에서 정념은 기도를 통해서, 고해성사와 성찬예배를 규칙적으로 행함으로써, 날마다 성경을 읽음으로써, 선한 생각으로 정신을 양육함으로써, 실제로 사람들에게 사랑으로 봉사함으로써 정화된다. 육적인 차원에서 보면 정념은 특히 금식과 금욕, 자주 엎드려 기도함을 통해서 정화된다. 인간이 천사가 아니라 몸과 혼의 통일체라는 것을 알기 때문에, 정교회에서는 육체적 금식의 영적 가치를 강조한다. 먹고 마시는 행동이 본질적으로 부정하기 때문에 금식하는 것이 아니다. 먹을 것과 마실 것은 하나님이 주신 선물이므로, 즐겁고 감사하는 마음으로 먹고 마셔야 한다. 우리가 금식하는 것은 하나님이 주신 선물을 무시하기 때문이 아니다. 그것이 선물이라는 것을 깨닫게 하기 위해서, 우리의 먹고 마시는 행위를 정화하며, 그럼으로써 그것을 하나의 성례요 하나님과 교통하는 수단으로 삼기 위해서 금식한다. 이런 식으로 이해한다면, 금욕적인 금식은 몸이 아닌 육을 대상으로 한다. 그러한 금식의 목표는 파괴적으로 몸을 약하게 하는 데 있는 것이 아니라 창조적으로 몸을 신령하게 만드는 데 있다.

정념의 정화는 결국 하나님의 은혜로 말미암아 에바그리우스가 말한 아파테이아(*apatheia*) 혹은 무정념(dispassion)으로 이어진다. 이것은 우리가 더 이상 유혹을 느끼지 못하는 무관심이나 무감각한 부정적 상태를 의미하는 것이 아니라, 더 이상 유혹에 굴복하지 않는 영적 자유와 재통합의 긍정적인 상태를 의미한다. *apatheia*를 "마음의 깨끗함"이라고 번역할 수 있을 것이다. 그것은 불안정에서 안정으로, 이중성에서 단순성이나 단일함으로, 두려움과 의심이라는 미성숙한 상태에서 순진함과 신뢰라는 성숙의 상태로 진보하는 것을 의미한다. 에바그리우스의 견해에 의하면 무정념과 사랑은 동전의 양면처럼 서로 연결되어 있다. 정념을 품는 사람은 사랑할 수 없다. 무정념이란 이기심이나 무절제한 욕망의 지배를 받지 않는 것, 그리하여 참 사랑이 가능하게 되는 것을 의미한다.

무정념의 상태에 이른 사람은 하나님, 사람들, 모든 살아 있는 피조물, 하나님께서 지으신 모든 것을 향한 사랑으로 마음이 타오르는 사람이다. 시리아의 이삭은 다음과 같이 기록했다:

> 이러한 마음을 가진 사람이 피조물을 생각하고 바라볼 때, 마음을 짓누르는 연민 때문에 눈물을 흘린다. 그 사람의 마음은 점점 더 민감해진다. 그는 피조 세계에 있는 어떤 것에게 가해진 지극히 작은 고통도 차마 보지 못하며, 그러한 말을 참고 듣지 못한다. 그러므로 그는 말 못하는 짐승들을 위해서, 진리의 원수들을 위해서, 그리고 진리를 해치는 사람들을 위해서 쉬지 않고 기도하며, 그들이 보호를 받고 하나님의 자비를 받게 되기를 요청한다. 그는 파충류를 위해서도 하나님을 본받아 마음속에서 끝없이 솟아나는 큰 자비심을 가지고 기도한다.[29]

피조물을 통해서 창조주에게로

영적 여행의 세 단계 중 두 번째 단계는 자연 관상, 보다 정확하게 말하자면 하나님 안에서 자연을 관상하는 것, 혹은 자연 안에서 자연을 통해서 하나님을 관상하는 것이다. 그러므로 둘째 단계는 셋째 단계로 들어가는 서곡이요 수단이 된다. 기도하는 사람은 하나님이 지으신 사물들을 관상함으로써 하나님에 대한 관상에 이른다. 이 둘째 단계인

---

29) St. Issac the Syrian, *Ascetical Homilies* 74 (79), (tr.), Holy Transfiguration Monastery, pp. 344-5.

physiki 또는 자연 관상이 반드시 활동적인 삶(praktiki) 뒤에 이어지는 것은 아니며 동시에 이루어질 수도 있다.

경성함(nepsis)이 없으면 어떤 종류의 관상도 불가능하다. 지금 있는 곳에 존재하며, 이 순간 이 장소에 집중하는 법을 배우지 않는 한 나는 자연이나 하나님에 대해 관상할 수 없다. 모든 행동을 멈추고, 그저 바라보고 귀를 기울이라. 이것이 바로 관상의 출발점이다. 내가 문자 그대로, 그리고 영적으로 눈을 뜨고 주위 세상을 주목하기 시작할 때에-실재하는 세상, 즉 하나님의 세상을 주목할 때에 자기 본연에 대한 관상이 시작된다. 관상자란 타는 떨기나무 앞에 모세처럼(출 3:5) 신을 벗는 사람, 다시 말해서 친숙함과 지루함이라는 무감각 상태를 벗어 버리고 나서 자기가 선 곳이 거룩한 곳임을 깨닫는 사람이다. 자연을 관상한다는 것은 거룩한 공간과 거룩한 시간의 차원을 의식하게 되는 것이다. 이 물질적인 대상, 지금 나와 이야기하는 이 사람, 지금 이 순간이 각기 거룩하며, 각기 나름대로 되풀이 될 수 없는 무한한 가치를 가지며, 영원을 들여다보는 창문의 역할을 한다. 그리고 주위에 있는 하나님의 세상에 대해 민감해지면서, 내 내면에 있는 하나님의 세계를 더욱더 의식하게 된다. 하나님 안에서 자연을 보기 시작할 때에, 나는 자연 질서 안에 있는 한 인간으로서의 자신의 위치를 깨닫기 시작한다. 소우주요 중재자가 된다는 것이 어떤 것인지를 이해하기 시작한다.

앞에서 자연 관상의 신학적 기초를 지적한 바 있다. 만물의 존재에는 피조된 것이 아닌 하나님의 에너지가 스며 있으며, 또 그것에 의해서 유지된다. 따라서 만물은 하나님의 임재를 깨닫게 하는 하나의 신현현

(theophany)이다. 각각의 사물의 중심에는 창조주이신 로고스(Logos)가 심어놓은 내적 원리 또는 로고스(logos)가 있다. 따라서 우리는 로고스(내적 원리)를 통해서 로고스(Logos)와의 교제에 들어간다. 하나님은 만물 위에, 만물 너머에 계시지만, 동시에 창조주이신 하나님은 만물 안에 계시다. 이것은 범신론이 아니라 만유내재신설(panentheism)이다. 그러므로 블레이크(Blake)의 표현을 빌리자면, 자연을 관상하는 것은 육적 차원과 영적 차원에서 "우리의 인식의 문"을 깨끗이 하며, 그럼으로써 하나님이 지으신 만물 안에 있는 하나님의 에너지 혹은 로고스들을 식별하는 것이다. 이것은 추론적인 이성이 아니라 영적인 지성을 통해서 온 우주가 신적인 불이 충만하지만 소멸되지 않는 타는 떨기나무라는 사실을 발견하는 것이다.

이것이 자연에 대한 관상의 신학적 기초이다. 그러나 자연 관상에는 도덕적 기초도 요구된다. 우리가 덕을 실천하고 계명을 지킴으로써 첫 단계에서 진보를 이루지 못한다면, 영적인 여행의 둘째 단계에서 진보할 수 없다. "활동적인 삶"에 굳게 토대를 두지 않은 자연 관상은 단지 심미적이거나 낭만적인 것에 불과할 것이며, 순수하게 영적인 차원으로 발전하지 못한다. 근본적인 회개, 지속적인 마음의 변화가 없으면 하나님 안에 있는 세계를 인식할 수 없다.

자연 관상에는 두 개의 상호 관련된 특성이 있다. 첫째, 그것은 특별한 사물, 인물, 그리고 순간들의 "실체"를 인식하는 것을 의미한다. 돌 하나, 나뭇잎 하나, 풀잎 하나, 개구리 한 마리, 한 사람의 얼굴을 볼 때 우리는 그 특별한 존재의 특성과 열정을 지닌 참 모습을 볼 수 있어야 한다. 스가랴 선지자는 "작은 일의 날이라고 멸시"(슥 4:10) 해서는 안 된다고 경고한다. 올리비에 클레멘트(Olivier Clément)는 "참 신비주의는 일상적인 것들 안에서 특별한 것들을 발견하는 것이다"라고 했다. 존재하는 것들 중에 하찮은 것이나 멸시할 만한 것은 하나도 없다. 이는 각각의 사물은 하나님의 솜씨로서 피조 된 질서 안에서 그 나름의 위치를 가지고 있기 때문이다. 타락하고 죄악 된 기술의 산물들이 그렇듯이, 오로지 죄만 야비하고 하찮은 것이다. 그러나 죄는 실재하는 것이 아니며, 죄악 됨의 산물들은 분명히 파괴적인 힘을 가졌음에도 불구하고 동일한 비실재성을 지닌다.

둘째, 자연 관상이란 모든 사물과 사람 및 순간을 하나님의 표적이요 성례전으로 본다는 것을 의미한다. 우리는 영적 시각을 가지고서 각각의 사물을 그 특수한 존재의 빛 안에서 두드러지게 나타나는 양각으로 볼 뿐만 아니라, 투명한 것으로서도 보아야 한다. 우리는 각각의 피조물 안에서, 그리고 그것들을 통해서 창조주를 분별해야 한다. 각 사물의 특성을 발견할 때에 우리는 또한 각각의 사물이 그 자체를 초월하여 그것을 지으신 분을 가리키고 있다는 것도 발견한다. 헨리 수소(Henry Suso)의 말을 빌리자면, 우리는 외적인 것 안에서 내적인 것을 보는 법을 배운다:

> 내적인 것 안에서만 내적인 것을 보는 사람보다는 외적인 것 안에서 내적인 것을 볼 줄 아는 사람에게 있어서 내적인 것은 더욱 내적인 것이 된다.[30]

조지 허버트(George Herbert)의 영약(靈藥, Elixir)이라는 시에 자연 관상이 지닌 이 두 가지 면이 정확하게 지적되어 있다:

나의 왕, 나의 하나님이시여, 나를 가르쳐 주옵소서.
만물 안에서 당신을 보며
무슨 일을 하든지
당신을 위해 행하게 하옵소서.

유리창을 바라보는 사람은
그저 유리창만을 바라볼 수도 있지만
유리창 너머로 하늘을 볼 수도 있습니다.

유리창을 바라본다는 것은 각 사물의 "실체", 강력한 실체를 감지하는 것이며, 유리창 너머로 하늘을 바라본다는 것은 그 사물 안에 계시면서도 그것을 초월해 계시는 하나님의 임재를 식별하는 것이다. 세상을 바라보는 이 두 가지 방법은 각기 서로를 확인해 주고 보완해 준다. 피조 세계는 우리를 하나님께 인도해 주고, 하나님은 우리를 다시 피조 세계로 돌려보내시며 우리로 하여금 낙원에서 생활한 아담의 눈으로 자연을 볼 수 있게 해주신다. 하나님 안에서 만물을 볼 때 그 어느 때보다 더 생생하게 그것들을 볼 수 있기 때문이다.

---

30) Henry Suso: in Inge, *Light , Life and Love*, p. 99.

세상에서의 하나님의 임재를 "경건한" 사물들과 상황이라는 제한된 범위 안에 제한하며 그 외의 다른 것은 모두 "세속적"인 것으로 규정해서는 안 된다. 우리는 만물을 하나님이 주신 선물이며 하나님과 교제하기 위한 수단으로서 근본적으로 거룩하다고 여겨야 한다. 그렇다고 해서 타락한 세상을 그대로 받아들여서는 안 된다. 불행히도 현대 서방 세계의 "세속적인 그리스도교"는 이러한 잘못을 범하고 있다. 만물은 그 가장 내면적인 본질에 따른 참된 존재 안에서는 거룩하지만, 하나님의 피조물과 우리의 관계는 죄, 즉 원죄와 개인적인 죄로 말미암아 일그러졌다. 우리가 마음을 깨끗하게 하지 않는 한, 이 본성적인 거룩을 회복하지 못할 것이다. 자기 부인, 수덕 훈련이 없으면 우리는 세상의 참된 아름다움을 확인할 수 없다. 그렇기 때문에 회개 없이는 진정한 관상을 할 수 없다.

자연 관상이란 모든 사물 안에서뿐만 아니라 모든 사람들 안에서 하나님을 발견하는 것을 의미한다. 교회나 집에서 거룩한 성상들을 공경할 때, 우리는 사람들 하나하나가 살아 있는 하나님의 이콘(성상)임을 상기해야 한다. "너희가 여기 내 형제 중에 지극히 작은 자 하나에게 한 것이 곧 내게 한 것이니라"(마 25:40). 우리는 하나님을 발견하기 위해서 세상을 버리거나 동료들을 떠나 고립하거나 일종의 신비적 공동(空洞)에 빠질 필요가 없다. 그리스도는 우리가 만나는 모든 사람들의 눈을 통해서 우리를 바라보고 계시다. 우리가 그분의 우주적 임재를 인식하기만 한다면, 우리가 사람들에게 행하는 모든 실질적인 봉사의 행동은 기도의 행동이 된다.

흔히 관상은 희귀하고 고차원적인 선물이라고 간주된다. 그러나 관상적 태도의 씨앗은 우리 모두의 내면에 존재한다. 이 시간, 이 순간부터 세상을 하나님의 세상이라고 의식하면서, 즉 내가 보고 접하는 모든 것 안에, 그리고 내가 만나는 모든 사람들 안에서 하나님이 나와 가까이 계시다고 의식하면서 세상을 걸어 다닐 수 있다. 비록 돌발적이고 불완전하게 행하기는 하지만, 나는 이미 관상의 길에 발을 내딛은 것이다.

자신의 현재의 능력을 완전히 초월하여 형상이 없는 침묵의 기도를 발견하는 사람, 성경이나 기도서에 수록된 친숙한 구절들을 답답하고 무미건조하다고 느끼는 사람들은 자연적 관상을 실천함으로써 그 내적 삶을 새롭게 할 수 있다. 창조의 책에 기록된 하나님 말씀을 읽는 법을 배우며, 만물 안에서 하나님의 서명을 발견할 때에 성경과 기도서에 기록된 하나님의 말씀을 다시 읽게 되며, 잘 알려진 구절들이 새롭고 심오한 의미를 가지고 있음을 발견하게 된다. 이처럼 자연과 성경은 서로를 보완해 준다. 시리아의 에프렘(St. Ephrem)은 다음과 같이 말했다:

그대가 어디를 보든지, 그곳에 하나님의 상징이 있다.
그대가 무엇을 읽든지, 거기서 하나님의 예표들을 발견할 것이다….
자연과 성경이 어떻게 연결되어 있는지를 깨달으라.
자연의 주를 찬양하며,
성경의 주를 찬미하라.[31]

---

31) St. Ephrem the Syrian: in Vrock, *The Harp of the Spirit*, p. 10.

말에서 침묵으로

사람은 자연 안에서 하나님을 관상하면 할수록, 하나님이 자연을 초월하여 그 너머에도 계시다는 것을 더욱 깨닫게 된다. 그는 만물 안에서 하나님의 흔적들을 발견하고서 "이것도 역시 당신이십니다; 이것도 역시 당신이 아닙니다"라고 말한다. 그리하여 하나님의 도움을 받아 영적 여행의 둘째 단계는 셋째 단계로 이어지는데, 이 단계에서 하나님은 더 이상 그 지으신 것의 매개를 통하지 않고 직접적인 연합 안에서 알려지신다.

정교회 전통의 영적 교사들에 의해 배우게 되는 바 둘째 단계에서 셋째 단계로의 이동은 기도생활에 부정의 방법(apophatic approach)을 적용함으로써 이루어진다. 성경, 전례 본문들, 그리고 자연 안에서 하나님에 대한 무수한 말과 이미지들과 상징들이 우리에게 제시된다. 우리는 기도하면서 이러한 말과 이미지와 상징들에 대해 숙고하면서 이것들에게 충분한 가치를 부여하는 법을 배운다. 그러나 이것들은 결코 살아 계신 하나님에 대한 완전한 진리를 표현하지 못하므로, 우리는 이 긍정(kataphatic)의 기도에 부정(apophatic)의 기도를 병행하여 균형을 이루어야 한다. 에바그리우스는 이것을 "기도는 생각들을 버리는 것이다"[32]라고 표현한다. 이것을 기도에 대한 완전한 정의라고 간주할 수는 없지만, 이것은 우리를 영적 여행의 둘째 단계에서 셋째 단계로 인도해 주는 기

---

32) Evagrius of Pontus, On Prayer 71, tr. Palmer, Sherrard and Ware, *The Philokalia*, vol. 1 (Faber & Faber, London, 1979), p. 64.

도를 가리킨다. 인간의 말과 생각을 초월하는 영원한 진리를 향해 팔을 펼치면서, 구도자는 고요와 침묵 속에서 하나님을 바라보기 시작한다. 이제 그는 하나님에 대해서 말하거나 하나님께 말하지 않고, 하나님의 음성을 듣기만 한다. "너희는 가만히 있어 내가 하나님 됨을 알지어다" (시 46:10).

이러한 정적 또는 내적 침묵을 헬라어로 헤시키아(besychia)라고 하며, 고요한 기도를 추구하는 사람을 헤시카스트(besychast)라고 한다. 헤시키아는 내적 고요와 결합된 정신집중을 의미한다. 그것을 단순히 말이나 외적 행위의 부재라는 부정적인 의미로만 이해해서는 안 된다. 그것은 적극적으로 하나님의 사랑을 향해 마음을 개방하는 것을 지칭한다. 대부분의 사람들의 경우에 헤시키아의 상태가 영구적으로 지속되는 것은 아니다. 헤시카스트는 침묵의 기도를 하면서 다른 형태의 기도도 사용하며, 공동예배와 성경 읽기, 성례전 참여도 병행한다. 부정의 기도는 긍정의 기도와 공존하며, 각기 상대방을 강화해 준다. 부정의 방법과 긍정의 방법은 둘 중 어느 하나만을 선택해야 하는 것이 아니라 상호 보완적인 것이다.

말을 멈추고 하나님의 음성을 들으려면 어떻게 해야 하는가? 기도에 관한 교훈 중에서 이것이 가장 배우기 어렵다. 스스로에게 "생각하지 말라"고 말하는 것은 별로 유익이 되지 못한다. 추론적 생각을 정지하는 일은 단순히 의지력의 발휘를 통해서 획득할 수 있는 것이 아니기 때문이다. 영구히 침착하지 못한 마음이 그 성취욕을 충족시키기 위해서는 어떤 일을 해야 한다. 만일 우리의 영적 전략이 완전히 부정적인 것이라면, 만일 우리가 마음에 대안이 되는 행위를 제공하지 않은 채 모든 의식적인 생각을 제거하려고 노력한다면 백일몽으로 끝날 가능성이 있다. 우리의 정신은 바삐 행해야 하면서도 그 자체를 초월하여 정적에 이를 수 있게 해줄 일을 필요로 한다. 정교회의 관상기도 전통에서 일반적으로 권장되는 것은 간단한 "화살기도"를 자주 되풀이하는 것인데, 가장 흔히 사용되는 것은 예수기도-주 예수 그리스도 하느님의 아들이시여, 이 죄인을 불쌍히 여기소서-이다.

예수기도를 드릴 때에는 가능한 한 특별한 이미지나 그림을 피하라고 가르친다. 닛사의 그레고리는 "신랑은 현존해 있지만 보이지 않는다"[33] 라고 했다. 예수기도는 그리스도의 삶에서 발생한 여러 가지 상이한 사건들을 상상하면서 묵상하는 것이 아니다. 우리는 이미지들을 멀리하고, 완전히 말에 주의를 집중해야 한다. 예수기도는 단순히 최면 상태에서 행하는 주문과 같은 것이 아니라, 다른 위격에게 드리는 의미 있는 기도이다. 그 기도의 목적은 긴장을 푸는 데 있는 것이 아니라 정신 차림에 있으며, 수면상태에서 걷는 데 있는 것이 아니라 생생한 기도에 있다. 그러므로 예수기도는 기계적으로 드려서는 안 되며 내적인 목적을 가지고 드려야 한다. 동시에 긴장하지 않은 상태에서 쓸데없이 강조하는 것이 없이 그 기도의 단어들을 발음해야 한다. 우리의 영적 소포를 묶은 끈은 너무 팽팽해도 안 되고, 너무 느슨해도 안 된다.

일반적으로 예수기도를 드리는 데에는 세 단계, 또는 등급이 있다. 그

---

33) St. Gregory of Nyssa, *Commentary on the Song of Songs* xi, ed. Jaeger and Langerbeck, p. 324, tr. McCambley, p. 203.

것은 구송(口誦)기도로서 시작된다. 그 다음에는 보다 내적인 것이 되어 "지성의 기도", 정신적인 기도가 된다. 마지막으로 지성은 마음속으로 내려가서 마음과 연합하며, 그리하여 "마음의 기도", 정확하게 말하자면 "마음 안에서 드리는 지성의 기도"가 된다. 이 단계에서 그것은 전인(全人)의 기도가 된다. 즉 우리가 말하거나 생각하는 것이 아니라 우리의 존재가 된다. 영적 여행의 궁극적인 목적은 가끔 기도하는 사람이 아니라 항상 기도하는 존재가 되는 데 있다. 예수기도는 일련의 특별한 기도의 행위들로서 시작되지만, 그 궁극적인 목표는 기도하는 사람의 내면에 기도의 상태, 즉 다른 행동들을 할 때에도 중단되지 않는 기도의 상태를 이룩하는 데 있다.

예수기도도 다른 기도와 마찬가지로 구송기도로 시작된다. 그러나 헤시카스트는 짧은 구절을 리듬에 맞추어 반복함으로써 언어와 이미지를 초월하여 하나님의 신비 안으로 들어간다. 그리하여 예수기도는 하나님의 도움을 받아 서방 세계의 저자들이 말하는 "사랑 가득한 집중의 기도"(prayer of loving attention), 또는 "단순한 응시의 기도"(prayer of simple gaze)로 발달한다. 이 단계에서 영혼은 끊임없이 변하는 이미지들과 사상들과 감정들과는 상관없이 하나님 안에서 안식한다. 이 단계 너머에 또 한 단계가 있는데, 거기서 헤시카스트의 기도는 그 자신의 노력의 결과가 아니라 정교회 작가들이 말하는 "자동적"인 기도, 서방의 표현으로는 "주부적"(注賦的) 기도가 된다. 다시 말해서 "나의" 기도가 아니라 내 안에 계시는 그리스도의 기도가 된다.

구송기도에서 침묵의 기도로, 혹은 "활동적인" 기도에서 자동적인 기도로의 진보가 신속하고 쉽게 이루어진다고 생각해서는 안 된다. 『순례자의 길』(The Way of the Pilgrim)을 쓴 익명의 저자는 몇 주일 동안 계속 예수기도를 실천한 후에 지속적으로 자동적인 기도를 드릴 수 있게 되었다. 그러나 그의 사례는 예외적인 것이므로 표준적인 것으로 간주되어서는 안 된다. 또 예수기도를 하는 사람에게는 때때로 "몰아"(rapture)의 순간이 주어진다. 그것은 예기치 않게 주어지는 은사인데, 기도의 말이 완전히 뒤로 물러나거나 사라지고, 그 대신에 하나님의 임재와 사랑의 직접적인 의식이 임하는 것이다. 그러나 대부분의 경우 이 경험은 오래 지속되지 않고 짧게 스쳐 지나간다. 오직 하나님의 직접적인 행동의 열매로만 임할 수 있는 일을 인위적인 수단에 의해서 유도하려고 노력하는 것은 지혜롭지 못한 일일 것이다. 예수기도를 드리는 가장 좋은 방법은 기도의 단어들을 낭송하는 데 노력을 기울이는 것이다. 그렇지 않고 성급하게 말이 없는 마음의 기도를 드리려고 한다면, 진정으로 기도를 하는 것이 아니라 반쯤 잠든 상태로 앉아 있는 데 그치게 된다. "정신을 기도의 말 안에 가두어 두라"[34]는 요한 클리마쿠스(St. John Climacus)의 충고를 따르자. 나머지 일은 하나님께서 하나님의 방법으로 하나님이 정하신 시간에 행하실 것이다.

---

34) St. John of Climacus, *The Ladder of Divine Ascent*, step 28 (PG 88:1132C), tr. Luibheid and Russel, p. 276.

하나님과의 연합

　신학적 강연이나 기도생활에서 부정의 방법은 외관상 부정적인 것처럼 보이지만, 그 궁극적인 목표는 지극히 긍정적이다. 생각과 심상들을 버리면 공허에 이르는 것이 아니라 인간의 정신으로 감지하거나 표현할 수 있는 모든 것을 초월하는 풍부함에 이른다. 부정의 방법은 양파 껍질을 벗기는 것과 흡사한 것이 아니라 대리석으로 조각상을 제작하는 것과 흡사하다. 양파의 껍질을 하나씩 벗겨나가면 마지막에 양파는 존재하지 않게 된다. 그러나 대리석을 깎는 조각가는 부정하지만 긍정적인 결과를 낳는다. 그는 대리석 덩이를 무작위의 조각들의 더미로 만드는 것이 아니다. 그는 분명히 돌을 여러 조각으로 깨뜨리는 파괴적인 행동을 통해서 모든 사람이 인식할 수 있는 형상을 만들어낸다.
　우리가 부정의 방법을 높은 수준에서 사용할 때에도 마찬가지이다. 우리는 긍정하기 위해서 부정한다. 우리는 어떤 사물이 존재한다고 말하기 위해서, 어떤 사물이 존재하지 않는다고 말한다. 부정의 방법은 탁월한 긍정의 방법으로 드러난다. 말과 개념들을 버리는 일은 우리가 하나님의 신비에게로 도약할 수 있게 해주는 도약판 역할을 한다. 참되고 완전한 의미에서 부정의 신학은 부재가 아니라 임재로, 불가지론이 아니라 사랑의 합일로 이어진다. 부정의 신학은 긍정적인 진술에 부정을 추가하여 균형을 이루는 언어와 관련된 학문이 아니다. 그것의 목표는 인격적인 하나님, 긍정적인 것이든 부정적인 것이든 인간의 모든 말을 초월하시는 분과의 직접적인 만남으로 우리를 인도하는 데 있다.

부정의 방법의 목표인 사랑의 연합은 하나님의 본질이 아닌 하나님의 에너지 안에서 하나님과 연합하는 것이다. 앞에서 삼위일체와 성육신에 대해 언급했던 것을 염두에 둔다면, 세 종류의 연합을 구분할 수 있다:

첫째, 삼위일체의 세 위격들 사이에서는 본질에 따른 연합이 존재한다: 아버지와 아들과 성령은 "본질상 하나"이다. 그러나 하나님과 성도들 사이에서는 그러한 연합이 이루어지지 않는다. 성도들이 신화(神化)된다고 해도, 삼위일체의 한 지체가 되는 것은 아니다. 하나님은 여전히 하나님으로 존재하시며, 인간은 여전히 인간으로 존재한다. 인간은 은혜로 말미암아 신처럼 되지만 본질적으로 하나님처럼 되는 것은 아니며, 창조주와 피조물 사이의 구분은 여전히 존재한다. 그것은 호혜적인 사랑에 의해서 연결되는 것이지 폐지되는 것이 아니다. 하나님이 인간에게 아무리 가까이 다가오셔도, 하나님은 여전히 "전적 타자"이시다.

둘째, 성육하신 그리스도의 신성과 인성 사이에는 위격에 따른 연합, 위격적 연합이 존재한다: 그리스도 안에 있는 신성과 인성이 결합되어 하나의 인격을 구성한다. 하나님과 성도들 사이에는 이러한 종류의 연합이 존재하지 않는다. 하나님과 영혼 사이의 신비적 연합 안에는 하나의 인격이 아니라 두 개의 인격이 존재한다(보다 정확하게 말하자면 네 인격-하나의 인간과 분리되지 않은 삼위일체의 거룩한 세 위격이 존재한다). 그것은 "나-당신"(I-Thou)의 관계이다: "나"(I)가 아무리 가까이 가도 "당신"은 여전히 당신으로 존재한다. 성도들은 하나님의 사랑의 심연에 삼켜지는 것이 아니라 그곳에 뛰어 들어간다. "그리스도화"(Christification)는 영혼 소멸을 의미하는 것이 아니다. 다음 세대에서도 하나님은 "만유의 주로서 만유 안에 계시다"(고전 15:28). 그러나 "베드로는 베드로요, 바울은 바울이요, 빌립은 빌립이다. 그들은 각기 자신의 본성과 인격적 정체성을 보유하고 있지만, 성령으로 충만한 사람이다"[35](『마카리우스의 신령한 설교』).

하나님이 지으신 인간들과 하나님 사이의 연합은 본질에 따른 것도 아니고 위격에 따른 것도 아니므로, 에너지에 따른 연합이 되어야 한다. 성도들은 본질에 의해서 하나님이 되는 것이 아니고 하나님과 더불어 하나의 인격이 되는 것도 아니다. 성도들은 하나님의 에너지들, 즉 하나님의 생명과 능력과 은혜와 영광에 참여한다. 에너지들은 "객관화" 되거나, 하나님과 인간 사이에 있는 매개물, 하나님께서 피조물에게 수여하신 하나의 "사물"이나 선물로 간주되어서는 안 된다. 에너지들은 하나님 자신이다. 그러나 하나님 자신 안에, 그의 내적 생명 안에 존재하시는 하나님이 아니라 밖으로 표출하는 사랑 안에서 자신을 전달하시는 하나님이시다. 따라서 하나님의 에너지에 참여하는 사람은 피조물로서 가능한 한도 내에서 직접적이고 인격적인 사랑의 연합을 통해서 하나님을 직접 대면한다. 인간이 하나님의 본질이 아니라 에너지들에 참여한다는 말은 곧 인간과 하나님 사이에서는 혼동이 아닌 연합이 이루어져야 한다는 말이다. 그것은 우리가 범신론을 부정하면서도 하나님과 관련하여 가장 문자적이고 강조적인 방법으로 "그분의 생명은 나의 것이다"라고 주장한다는 의미이다. 우리는 하나님이 가까이 계신다고 주장하지만, 동시에 그분의 타자성(otherness)도 이야기한다.

---

35) *The Homilies of St Macarius* xv, 10, tr. Maloney, p. 112.

어둠과 빛

인간이 상상하거나 묘사할 수 없는 바 "에너지에 따른 연합"을 언급할 때에 성인들은 부득이 역설과 상징을 사용해왔다. 인간의 말은 시간과 공간 안에 존재하는 것을 묘사하기 위해서 사용되는데, 그것조차도 완전하게 묘사할 수 없다. 인간의 말로는 무한하고 영원한 것을 가리키거나 암시할 수 있을 뿐이다.

교부들이 사용한 두 가지 주된 상징은 빛과 어둠이다. 물론 하나님이 빛이거나 어둠인 것은 아니다. 지금 우리는 비유나 유비로 말하고 있다. 신비주의 작가들은 이 두 가지 상징 중 어느 것을 선호하느냐에 따라서 "밤의"(noctunal) 작가와 "태양의" 작가로 분류된다. 알렉산드리아의 클레멘트(유대인 작가 필로를 인용함), 닛사의 그레고리, 아레오파고의 디오니시우스 등은 어둠의 상징을 선호했으며, 오리겐, 신학자인 성 그레고리, 에바그리우스, 『성 마카리우스의 신령한 설교』, 신신학자 시므온, 팔라마스의 그레고리 등은 빛의 상징을 주로 사용한다.

하나님에게 적용된 "어둠"이라는 단어의 기원은 시내 산에 올라간 모세에 대한 성경의 묘사에 있다. 그는 그곳에서 하나님이 계신 흑암으로 들어오라는 말을 들었다(출 20:21). 이 구절에서 하나님을 흑암이라고 하지 않고 하나님이 계신 흑암이라고 표현한 것이 중요하다. 어둠은 하나님의 부재나 부실재를 가리키는 것이 아니라 인간의 지성으로는 하나님의 내적 본성을 파악할 수 없음을 가리킨다. 어둠은 우리 안에 있는 것이지 하나님 안에 있는 것이 아니다.

"빛"이라는 표현의 주된 기초는 "하나님은 빛이시라 그에게는 어둠이 조금도 없으시다는 것이니라"(요일 1:5)는 요한의 글에 있다. 무엇보다도 다볼 산에서 "그 얼굴이 해 같이 빛나며 옷이 빛과 같이 희어졌던" 그리스도의 변형에서 하나님은 빛으로 계시되신다(마 17:2). 변화 산에서 세 제자가 본 이 거룩한 빛이 바로 피조된 것이 아닌 하나님의 에너지들이다. 다시 말해서 다볼 산의 빛은 물질적인 빛이나 피조된 빛이 아니며, 동시에 순수하게 형이상학적인 "지성의 빛"도 아니다. 그것은 비물질적인 것이기는 하지만, 그럼에도 불구하고 객관적으로 현존하는 실체이다. 피조된 것이 아닌 에너지들은 거룩한 것이기 때문에 인간의 묘사능력을 초월하며, 따라서 그것들을 "빛"이라고 규정함에 있어서 우리는 필연적으로 상징적인 표현을 사용해야 한다. 그 에너지들 자체가 상징적인 것은 아니다. 그것들은 진정으로 존재하지만 말로는 묘사될 수 없다. 우리는 그것들을 빛이라고 언급함으로써 가장 오류가 적은 용어를 사용하는 셈이지만, 그 용어가 문자 그대로 해석되어서는 안 된다.

비록 비물질적인 것이기는 하지만, 인간의 시각이 하나님의 은혜로 변화되기만 한다면 육적인 눈을 통해서도 거룩한 빛을 볼 수 있다. 그 때에 인간의 눈은 본성적인 감각 능력에 의해서 빛을 보는 것이 아니라, 그의 내면에서 활동하시는 성령의 능력을 통해서 보는 것이다.

"몸과 영혼은 동시에 신화된다"[36](참회자 막시무스). 신적인 빛을 보는 사람에게는 그 빛이 완전히 스며들므로, 그의 몸은 그가 관상하는 영광

---

36) St. Maximus the Confessor, *On Theology* ii, 88, tr. Palmer, Sherrard and Ward, *Philokalia*, vol. ii, p. 160.

으로 빛이 난다. 그 자신이 빛이 된다. 블라디미르 로스키(Vladimir Lossky)는 "성령께서 신자들의 마음에 켜시는 은혜의 불은 그들로 하여금 하나님의 아들 앞에서 촛불처럼 타오르게 한다"[37]라고 말했는데, 이것은 단순히 은유적인 표현만은 아니다: 『마카리우스의 신령한 설교』에서는 인간의 몸의 변화와 관련하여 다음과 같이 말한다:

> 주님이 산에 올라가셔서 하나님의 영광과 무한한 빛으로 변화되실 때에 주님의 몸이 영화되었던 것처럼, 성도들의 몸도 영화롭게 되고 번개처럼 빛나게 된다.…"내게 주신 영광을 내가 그들에게 주었사오니"(요 17:22). 하나의 불로 많은 등불에 불을 붙일 수 있는 것처럼, 그리스도의 지체인 성도들의 몸도 그리스도처럼 되어야 한다.…우리의 인간적 본성이 변화되어 하나님의 능력이 되며, 불이 붙어 불과 빛이 된다.[38]

동방은 물론이요 서방의 성인들의 삶에는 이렇게 몸이 영화된 예가 무척 많다. 모세가 시내 산의 암흑에서 내려왔을 때, 그의 얼굴이 빛났기 때문에 아무도 그 얼굴을 바라볼 수 없었으므로 사람들과 이야기할 때에는 베일을 써야 했다(출 34:29-35). 『사막 교부들의 금언』에 다음과 같은 내용이 있다. 압바 아르세니우스(Abba Arsenius)의 제자가 스승의 수실 창문을 들여다보니 아르세니우스가 "마치 불길에 싸여 있는 것 같았

---

37) Vladimir Lossky, *The Mystical Theology of the Eastern Church*, p. 219.
38) *The Homilies of St Macarius* xv, 10, tr. Maloney, pp. *122-3; Neue Homilie des Makarius/Symeon*, I. *Aus Typus III*, xxii, 3, ed. Erich Klostermann and Heinz Berthold (Texte and Untersuchungen 72: Berlin, 1961), p. 112.

다." 압바 팜보(Abba Pambo)에 대한 내용으로는 "하나님께서 그를 영화롭게 하셨기 때문에, 그의 얼굴이 영화로워서 아무도 그 얼굴을 볼 수 없었다."[39] 사백 년 후 니콜라스 모토필로프(Nicolas Motovilov)는 스승 사로프의 세라핌(Seraphim of Salov)와의 대화를 다음과 같이 묘사했다: "그대에게 말하는 사람의 얼굴이 태양의 중심, 한낮의 눈부신 햇빛 속에 있다고 상상해 보십시오."[40]

어떤 저술가들의 경우에는 빛과 어둠이라는 사상이 결합되어 있다. 헨리 보건(Henry Vaughan)은 하나님 안에 있는 "눈부신 어둠"에 대해서 말하고, 성 디오니시우스(St. Dionysius)는 "신적 어둠의 광채"라는 표현을 사용한다. 성 디오니시우스는 "신적 어둠은 하나님이 거하시는 빛, 접근할 수 없는 빛이다"[41]라고 말하기도 했다. 이러한 표현은 전혀 자가당착적인 것이 아니다. 왜냐하면 하나님에게는 "빛과 어둠이 같기 때문이다"(시 139:12). 야곱 뵈메(Jacob Boehme)는 "어둠은 빛의 부재가 아니라 눈부신 빛에게서 비롯된 두려움이다"[42]라고 표현했다. 만일 하나님이 어둠 속에 거하신다고 말한다면, 그것은 하나님에게 무엇이 부족하다거나 결여되어 있다는 의미가 아니라 하나님은 우리의 이해를 초월하는 영광과 사랑으로 충만하시다는 뜻이다.

---

39) *The Sayings of the Desert Fathers*, alphabetical collection, Arsenius 27 and Pambo 1, tr. Ward, pp. 13, 196.
40) St. Seraphim of Sarov: in Dobbie-Bateman, *St. Seraphim of the Sarov concerning the Aim of the Christian Life*, p. 54.
41) St. Dionysius the Areopagite, *Letter* 5, tr. Luibheid, p. 265.
42) Jacob Boehme: in M.-M. Davy, *Nicolas Berdyaev: Man of the Eighth Day* (Geoffrey Bles, London, 1967), p. 124.

기도는 모든 것을 시험하는 표준이다. 기도가 올바르면, 모든 것이 올바르다.[43]

은수자 테오판

"하나님을 가까이하라 그리하면 너희를 가까이하시리라"(약 4:8). 이 일은 우리가 먼저 시작해야 한다. 우리가 주님을 향해 한 걸음 나아가면, 주님은 우리를 향해 열 걸음 다가오신다. 주님은 탕자가 아직 멀리 있을 때에 그의 모습을 보고 불쌍히 여겨 달려와 얼싸 안으시는 분이다.[44]

티토 콜리안더

영혼은 전진해 나아갈수록, 더 큰 원수와 맞서 싸워야 한다.
당신이 기도할 때에 싸움이 치열해진다면, 당신은 복된 사람이다.
싸움에서 피를 흘리지 않는 한, 덕을 획득했다고 생각하지 말라. 죽을 때까지 죄와 싸우면서 전력을 다해 저항해야 한다.
끊임없는 삶을 누리려면, 죽을 때까지 잠자거나 졸지 말고 쉬지 말고 노력하라.[45]

폰투스의 에라그리우스

---

43) St. Theophan the Recluse: in Igumen Chariton, *The Art of Prayer*, p. 51.
44) Tito Colliander, *The Way of the Ascetics*, p. 74.

어느 수도사가 "당신은 수도원에서 무슨 일을 합니까?"라는 질문을 받고서 "우리는 넘어졌다가 일어나고, 넘어졌다가 일어나고, 또 넘어졌다가 일어납니다"라고 대답했다.[46]

티토 콜리안더

사람이 겸손과 자기비하의 정신으로 십자가에 완전히 자신을 바치지 않는 한, 사람들의 발에 짓밟히고 멸시와 불의와 조롱을 받지 않는 한, 인간적인 보상-영광, 존귀, 먹고 마시고 옷을 입는 즐거움 등-을 받으려 하지 않고 오직 주님을 위해서 기쁘게 이 모든 일을 감당하지 않는 한 그는 참된 그리스도교인이 될 수 없다.[47]

수도사 마르코

당신이 승리하려면, 그리스도의 영광을 맛보기 원한다면, 그리스도의 고난을 맛보라. 그리스도와 함께 고난을 당한다면, 당신은 그와 함께 영광을 받게 될 것이다. 몸이 예수를 위해 고난을 받지 않는다면, 지성이 예수와 함께 영화롭게 되지 못할 것이다.

의를 위하여 고난을 받으면, 그대에게 복이 있다. 여러 해, 여러 세대 동안 하나님의 길은 십자가와 죽음에 의해서 평탄하게 만들어져 왔다.

---

45) Evagrius of Pontus, *Praktikos* 59, ed. Guillaumong, p. 638, tr. Bamberger, p. 33; *On Prayer* 136, tr. Palmer, Sherrad and Ware, *The Philokalia*, vol. i, p. 69; protreptikos, ed. W. Frankenberg, *Euagrius Ponticus* (Berlin, 1912), p. 553.

46) Colliander, *The Way of the Ascetics*, p. 68.

47) St. Mark the Monk, *To Nicolas* 3 (PG 64:1033AB).

하나님의 길은 날마다 십자가를 지는 길이다.

십자가는 하나님의 신비에 들어가는 문이다.[48]

시리아의 이삭

스토아 학파에서 사용되는 의미가 아니라 교부들이 사용한 의미에서 "무정념"의 상태가 되려면 엄격한 생활, 금식, 철야, 기도, 피 흘림, 수치, 경멸, 십자가에 달림, 못 박힘, 옆구리를 창에 찔림, 초와 쓸개즙을 마심, 모든 사람들로부터 버림받음, 함께 십자가에 달린 어리석은 형제들로부터 모욕을 받음, 지나가는 사람들의 모독 등을 당해야 하며 오랫동안 힘들게 노력해야 한다. 그렇게 하면 주님 안에서의 부활, 부활절의 불멸의 거룩함이 임한다.[49]

디오니시오우의 테오클리토스

단순하게 기도하라. 그대의 마음속에서 탁월한 기도의 은사를 발견하리라고 기대하지 말라. 그러한 은사를 받을 자격이 없다고 생각하라. 그러면 평화를 발견할 것이다. 그대의 겸손을 위한 양식으로서 공허하고 차가운 그대의 기도의 메마름을 사용하라. 끊임없이 "주님, 나는 자격이 없습니다. 나는 자격이 없습니다"라고 반복하라. 동요하지 말고 평온하게 반복하라. 겸손하게 드리는 기도를 하나님은 받으실 것이다.

---

48) St. Issac the Syrian, *Ascetical Homilies* 36 (34), 59 and 74 (79), (tr.), Holy Transfiguration Monastery, pp. 161, 289-90, 364.

49) Fr Theoklitos of Dionysiou, *Between Heaven and Earth*, pp. 128-9.

예수기도를 실천할 때에는 다음과 같은 사실을 기억해야 한다. 가장 중요한 것은 겸손이다. 그 다음은 하나님, 영적 지도자, 사람들, 그리고 사물들을 향한 예리한 책임감을 유지하는 능력이다. 또 시리아의 성 이삭이 경고한 바 쓰라린 고통의 십자가, 적극적인 고난의 십자가를 거부하는 사람들, 그리고 환상이나 특별한 은혜를 받으려고 노력하면서 제멋대로 십자가의 영광을 전용하려 하는 사람들에게 하나님의 진노가 임한다는 사실을 기억해야 한다. 성 이삭은 "우리가 접근하려고 애쓰지 않아도 하나님의 은혜가 저절로 갑자기 임한다. 장소가 깨끗할 때에 하나님의 은혜가 임한다"고 말하기도 했다. 그러므로 조심해서 쉬지 말고 부지런히 우리 마음을 청소하며, 겸손의 빗자루로 쓸어야 한다.[50)]

옵티모의 마카리우스

우리가 하나님을 기억함으로써 모든 출구를 차단하면, 지성은 그 행위의 욕구를 충족시켜 줄 일을 강력하게 요구한다. 그 목적을 완전히 성취하기 위해서는 예수기도만 해야 한다. 우리 지성으로 하여금 다른 정신적 이미지에 주의를 돌리지 못하도록, 그 내적 성소에서 강력하게 이 기도에 집중하게 해야 한다.

어머니가 아기에게 "아빠"라는 명사를 가르쳐 주고는 아기와 함께 그 단어를 계속 반복함으로써 아기로 하여금 그 명사를 잘 사용할 수 있게 하는 것처럼, 영혼도 "주 예수"라는 단어를 반복하여 능숙하게 사용할

---

50) St. Makarii of Optimo: in Iulia de Beausobre, *Macarius, Starets of Optimo: Russian Letters of Direction* 1834-1860 (Dacre Press, London, 1944), pp. 87, 89.

수 있는 법을 배워야 한다.[51]

포티케의 디아도쿠스

예수기도는 감각과 상상력을 통한 외적인 변화나 자극을 추구하지 않는 수준, 모든 것인 몸과 영혼의 관심을 완전히 하나님께 집중시키는 목표에 다른 모든 것이 종속되는 수준으로 우리의 삶과 몸과 영혼을 끌어올리는 데 도움이 된다. 그렇게 되면 세상의 아름다움 속에서 하나님을 알고 추구하는 것이 아니라, 하나님의 아름다움 안에서 세상을 알고 추구하게 된다.[52]

노르만비의 마리아 수녀

모세가 암흑 속에 들어가 그 안에서 하나님을 보았다는 것은 무엇을 의미하는가?

여기에서 성경 본문이 가르치는 바는 다음과 같다. 지성이 발달하여 보다 완전하게 집중하여 실재에 대한 지식이 무엇인지를 이해하게 되면 그만큼 더 관상에 접근하게 되며, 신적 본성은 관상의 대상이 될 수 없다는 것도 더욱 깨닫게 된다. 감각적으로 파악할 수 있는 것 뿐만 아니라 이성적으로 이해한다고 생각되는 모든 표면적인 것들을 버릴 때에,

---

51) St. Diadochus of Photike, *On Spiritual and Discrimination* 59 and 61, tr. Palmer, Sharrad and Ware, *The Philokalia*, vol. i, pp. 270-1.

52) Mother Maria of Normanby, *The Jesus Prayer: the Meeting of East and West in the Prayer of the Heart* (Greek Orthodox Monastery of the Assumption, Filgrave, Newport Pagnell, 1972), p. 4.

그것은 내면에 있는 것을 지속적으로 향하게 되며, 마침내 정신의 활동에 의해서 관상이나 이해의 대상이 될 수 없는 것 안으로 들어가게 되며, 그곳에서 하나님을 본다. 우리가 추구하는 것을 참으로 알고 보는 일이 바로 여기에서 이루어진다. 우리가 추구하는 것은 지식을 초월하며, 불가해성이라는 어둠에 의해서 사방으로 차단되어 있기 때문이다.[53)]

닛사의 그레고리

신비적 관상을 하는 사람은 지성이나 몸으로 보는 것이 아니라 성령과 더불어 본다. 그리고 그는 분명히 모든 빛을 초월하는 빛을 초자연적으로 본다. 그러나 그는 자신이 어떤 기관(organ)을 통해서 이 빛을 보는 것인지 알지 못하며, 그 기관의 본질도 분석하지 못한다. 왜냐하면 그는 불가해한 성령의 방법으로 보기 때문이다. 바울이 아무도 볼 수 없는 것을 보고 말할 수 없는 말을 들었다고 주장한 것이 바로 이것이다: "…그가 몸 안에 있었는지 몸 밖에 있었는지 나는 모르거니와 하나님은 아시느니라"(고후 12:3). 즉 그것들을 본 기관이 그의 지성인지 몸인지 그는 알지 못했다. 그는 이것들을 감각작용에 의해서 감지한 것이 아니었지만, 감각의 대상을 분명히 볼 수 있는 시력을 가지고 있었기 때문이다. 그는 모든 대상과 생각을 벗어났을 뿐만 아니라 그 자신에게서도 벗어났다. 이 행복하고 즐거운 경험이 바울을 사로잡아 그의 지성의 활

---

53) St. Gregory of Nyssa, *The Life of Moses* ii, 162-3, tr. Abraham Malherbe and Everett Ferguson (The Classics of Western Spirituality: Paulist Press, New York, 1978), pp. 94-5.

동을 중단하고 몰아의 상태에서 모든 것을 초월하게 했으며, 그로 하여
금 완전히 내향적이 되게 했다. 이 경험은 빛-계시의 빛-의 형태를 취했
지만, 감각적 인지의 대상으로 그에게 계시된 것은 아니었다. 그것은
상하 좌우로 한계나 끝이 없는 빛이었다. 그에게 비친 빛에는 한계가
없었으며, 우주보다 무한히 크고 더 밝은 태양 같았다. 그는 이 빛의 한
복판에 서 있었다.[54]

그레고리 팔라마스

영혼이 하나님의 빛의 성령과 교제하기에 합당하다고 여겨질 때 하나
님께서 말할 수 없는 영광의 아름다움을 영혼에게 비춰 주시며, 영혼을
하나님의 보좌요 거처로 만드실 때 영혼은 완전한 빛, 완전한 얼굴, 완
전한 눈이 된다. 그리고 영혼의 모든 곳이 신령한 빛의 눈으로 충만하
게 된다. 그때 영혼에게는 어둠 안에 있는 부분이 전혀 없다. 영혼은 완
전하고 철저히 빛과 영이 된다.[55]

마카리우스의 신령한 설교

---

54) St. Gregory Palamas, *The Trida in Defence of the Holy Hesychasts* I, iii, 21, ed. Jean Meyendorff, vol. i (Spicilegium Sacrum Lovaniense 30: Louvain, 959), pp. 155-7, tr. Nicolas Gendle (The Classics of Western Spirituality: Paulist Press, New York, 1983), p. 38.
55) *The Homilies of St Macarius* i, 2, tr. Maloney, p. 37.

끝맺는 말

영원이신 하나님

예수여 당신의 나라에 임하실 때에 나를 기억하소서.
누가복음 23:42

하나님을 사랑하는 모든 영혼, 모든 참 그리스도교인에게 있어서 사월, 부활의 날은 1년 중 가장 으뜸이 되는 달이다.[1]

마카리우스의 신령한 설교

압바 자카리우스가 임종할 때 압바 모세가 "무엇을 보고 있는가?"라고 물었다. 압바 자카리우스는 "아버지, 아무 말도 하지 않는 것이 더 낫지 않습니까?"라고 반문했다. 압바 모세는 "그래. 아무 말도 하지 않는 편이 더 낫다"라고 말했다.[2]

사막 교부들의 금언

말은 현세에서 사용되는 발성기관이고, 침묵은 내세의 신비이다.[3]

시리아의 이삭

---

1) *The Homilies of St Macarius* i, 2, tr. Maloney, p. 73.
2) *The Sayings of the Desert Fathers*, alphabetical collection, Zacharias 5, tr. Ward, p. 68.
3) St. Issac the Syrian, *Ascetical Homilies* 65 (66), (tr.), Holy Transfiguration Monastery, pp. 161, 289-90, 364.

임박한 종말

"몸이 다시 사는 것과 영원히 사는 것을 믿사옵니다." 사도신경은 장래를 기대하는 고백으로 끝난다. 비록 이 세상 생활 전체에 대한 끊임없는 언급의 핵심은 마지막에 되어질 일이지만, 우리는 다음 세상의 실체에 대해서 상세히 말할 수 없다. 요한은 "사랑하는 자들아 우리가 지금은 하나님의 자녀라 장래에 어떻게 될지는 아직 나타나지 아니하였으나"라고 말했다(요일 3:2). 우리는 그리스도 안에 있는 믿음을 통해 현세에서 하나님과의 생생하고 인격적인 관계를 소유한다. 그리고 이 관계 안에 이미 영원의 씨앗을 포함하고 있다는 것은 가설이 아니라 현존하는 경험의 사실임을 안다. 그러나 유한한 시간의 흐름 속에서 살지 않고 영원한 현재 안에, 타락한 상황이 아니라 하나님이 "만유 안의 모든 것이" 되시는 조건 아래 산다는 것은 대체 어떤 것일까? 이에 대해서 우리는 분명한 개념이 아닌 부분적이고 어렴풋한 개념밖에 소유하지 못한다. 그러므로 침묵의 필요성에 관해서 말할 때에 조심해야 한다.

그러나 우리가 확실하게 단정할 수 있는 것이 세 가지 있다. 그것은 그리스도께서 영광중에 다시 오시리라는 것, 그리스도께서 오실 때에 우리가 죽은 자들로부터 부활하여 심판을 받게 되리라는 것, 그리고 "그 나라가 무궁하리라는 것"(눅 1:33) 등이다.

첫째, 성경과 거룩한 전승은 재림에 대해서 거듭 이야기한다. 그것들은 세상이 "문명" 안에서 꾸준히 전진함으로써 점점 더 선하게 되어 마침내 세상에 하나님의 나라를 세우는 데 성공하게 된다고 가정할 근거를 제공하지는 않는다. 세상 역사에 대한 그리스도교의 견해는 이 발달적 낙관주의와 완전히 반대가 된다. 우리는 자연계의 재앙, 인간 세상의 파괴적인 전쟁, 그리스도교인이라고 자처하는 사람들 사이의 혼란과 배교 등을 기대하도록 가르침을 받았다(마 24:3-27을 보라). 이 환난의 시대의 절정은 "불법의 사람"(살후 2:3-4), 혹은 적그리스도의 출현이다. 정교회의 전통적인 해석에 의하면 이 인물은 사탄이 아니라 참 인간인데, 모든 악한 힘들이 그에게 집중될 것이며 그는 한동안 온 세상을 손에 쥐고 뒤흔들 것이다. 그러나 그리스도의 재림과 더불어 적그리스도의 짧은 통치는 종식될 것이다. 그리스도는 베들레헴에 탄생하실 때처럼 은밀한 방법으로 오시는 것이 아니라 "권능의 우편에 앉고 하늘 구름을 타고"(마 26:64) 오실 것이다. 따라서 거룩한 영역으로부터의 직접적인 개입을 통해서 역사의 흐름은 갑작스럽고 극적인 종말에 이를 것이다.

재림의 정확한 시간은 알려져 있지 않다: "때와 시기는 아버지께서 자기의 권한에 두셨으니 너희가 알 바 아니요"(행 1:7). 주님은 "밤에 도둑같이" 오실 것이다(살전 5:2). 이것이 의미하는 바는, 우리가 정확한 재림 날짜에 대한 추측을 피하면서도 항상 재림을 기대하고 예배해야 한다는 것이다. "깨어 있으라 내가 너희에게 하는 이 말은 모든 사람에게 하는 말이니라"(막 13:37). 인간의 시간표에서 종말이 빨리 임하거나 늦게 임하거나 상관없이 종말은 항상 임박해 있으며, 영적으로 가까이에 있다. 우리는 마음속으로 긴박감을 가지고 있어야 한다. 사순절에 낭독하는 크레테의 안드레아(St. Andrew of Crete)의 대 카논에 다음과 같은 내용이 있다:

내 영혼아, 내 영혼아 일어나라!

어찌하여 너는 자고 있느냐?

종말이 가까우며, 곧 너에게 환난이 임할 것이다.

깨어 있으라. 그러면 하나님 그리스도께서 너를 구해 주실 것이다.

그분은 모든 곳에 임재해 계시며 만물 안에 충만하신 분이다.[4]

장래의 봄

둘째, 그리스도교인들은 영혼의 불멸뿐만 아니라 몸의 부활도 믿는다. 첫 창조 때에 하나님이 정하신 바에 따라 인간의 영혼과 몸은 서로 의존하며, 둘 중 하나만으로는 제대로 존재하지 못한다. 타락의 결과로 몸이 죽을 때에 이 둘은 나누어지지만, 이 분리가 궁극적이고 영구적인 것은 아니다. 그리스도의 재림 때에 우리의 몸과 영혼은 죽은 자들로부터 살아날 것이다. 그리하여 영혼과 몸이 재결합된 상태로 주님 앞에 서서 최후 심판을 받을 것이다.

요한복음이 강조하는 대로, 심판은 우리가 세상에 존재하는 동안 내내 지속될 것이다. 우리는 의식적으로든 무의식적으로든 선을 행할 때마다 영원한 생명에 미리 들어간다. 악을 선택할 때마다 지옥을 미리 맛본다. 최후 심판이란 모든 것이 백일하에 드러나는 때, 우리가 택하여

---

4) *Great Canon of St. Andrew of Crete:* in The Lenten Triodion, p. 399.

행한 모든 행위의 완전한 의미가 우리에게 드러나는 때, 우리가 어떤 존재이며 우리 삶의 심오한 의미와 목표가 무엇인지 분명하게 깨닫게 되는 진리의 순간이다. 우리는 영혼과 몸이 재결합된 상태로 천국이나 지옥, 영생이나 영원한 죽음으로 들어갈 것이다.

그리스도는 재판관이시다. 그러나 다른 관점에서 보면, 우리를 심판하는 사람은 바로 우리 자신이다. 누군가가 지옥에 떨어져 있다면, 그것은 하나님께서 그를 지옥에 가두셨기 때문이 아니라 그가 그곳을 선택했기 때문이다. 지옥에 떨어진 사람들은 스스로 정죄한 사람, 스스로 노예가 된 사람이다. 지옥의 문은 안쪽에서 잠겨 있다고 말할 수 있다.

사랑의 하나님이 어찌 자신이 지은 피조물들 중 하나라도 영원히 지옥에 머무는 것을 받아들이실 수 있을까? 여기에는 현세에서 우리의 관점으로는 헤아릴 수 없는 신비가 놓여 있다. 우리가 할 수 있는 최선의 일은 다만 대조가 되지만 상반되지는 않는 두 진리의 균형을 유지하는 것이다. 첫째, 하나님이 인간에게 자유의지를 주셨으며, 인간에게는 영원히 하나님을 거부할 능력이 있다는 것이다. 둘째, 사랑은 긍휼과 개입을 의미한다. 따라서 영원히 지옥에 머무는 사람이 있다면, 어떤 의미에서 하나님도 그곳에 그들과 함께 계시다. 시편 기자는 "스올에 내 자리를 펼지라도 거기 계시니이다"라고 말하며(시 139:8), 시리아의 이삭은 "지옥에 있는 죄인들이 하나님의 사랑으로부터 차단되어 있다고 생각하는 것은 잘못이다"[5]라고 했다. 하나님의 사랑은 어디에나 있으며, 아

---

5) St. Issac the Syrian, *Ascetical Homilies* 28 (27), (tr.), Holy Transfiguration Monastery, pp. 161, 289-90, 364.

무도 거부하시지 않는다. 그러나 우리 인간에게는 하나님의 사랑을 거부할 자유가 있다. 그렇게 할 경우에는 반드시 우리 자신에게 고통을 가하게 되며, 우리가 얼마나 결정적으로 거부하느냐에 따라서 그만큼 고통도 커진다.

『마카리우스의 신령한 설교』에서는 "부활 때, 몸의 모든 지체들은 머리털 하나도 상함이 없이 부활한다"[6]고 했다(눅 21:18). 동시에 부활한 몸은 "신령한 몸"이라고 언급된다(고전 15:35-46 참조). 이것은 부활 때에 우리의 몸이 어떻게 해서인지 비물질화된다는 의미가 아니다. 그러나 우리가 알고 있는 바 이 타락한 세상에 있는 활발치 못하고 투명치 못한 물질은 하나님께서 의도하셨던 물질과 일치하지 않는다는 사실을 기억해야 한다. 타락한 육의 천함에서 해방된 부활한 몸은 변화 산에서와 부활하신 후의 그리스도의 인간적 몸의 특성을 소유하게 될 것이다. 그러나 부활의 몸은 변화되기는 했어도, 현재 우리의 몸과 동일한 몸일 것이다. 두 몸 사이에는 연속성이 있을 것이다. 예루살렘의 키릴(St. Cyril of Jerusalem)은 다음과 같이 말했다:

부활한 몸은 현재 우리가 가진 몸과 동일한 몸이지만 지금의 몸처럼 연약하지 않다. 그것은 "썩지 아니할 것을 입고"(고전 15:53) 변화될 것이다.…그 몸은 현재 우리가 살기 위해서 먹어야 하는 음식을 필요로 하지 않을 것이며, 위로 올라가기 위해서 계단을 필요로 하지 않을 것이

---

6) *The Homilies of St. Macarius* xv, 10, tr. Moloney, p. 112.

다. 그 몸은 신령하게 될 것이며, 우리가 제대로 묘사할 수 없는 놀라운 몸이 될 것이다.[7]

성 이레내우스는 다음과 같이 말한다:

창조의 구조나 본질은 파괴되지 않는다. 사라지는 것은 "이 세상의 외형"(고전 7:31) 뿐이다. 다시 말해서 타락으로 말미암아 야기된 상태만이 사라진다. 이 "외형"이 사라지면, 사람은 새롭게 되고 썩지 않는 생명의 전성기를 누릴 것이다. 그는 늙지 않는다. "새 하늘과 새 땅"(계 21:1)이 있을 것이며, 부활한 몸은 이 새 하늘과 새 땅에서 영원히, 영원히 새롭게, 영원히 하나님과 교제하면서 거할 것이다.[8]

"새 하늘과 새 땅." 인간은 몸으로부터 구원 받는 것이 아니라 몸 안에서 구원 받는다. 물질계로부터 구원 받는 것이 아니라 물질계와 더불어 구원 받는다. 인간은 소우주이며 창조의 중개자이므로, 인간의 구원에는 그 주위에 있는 모든 생물과 무생물의 화목과 변화–"썩어짐의 종 노릇 한 데서 해방되어 하나님의 자녀들의 영광의 자유에 이르는 것"(롬 8:21)도 포함된다. 다음 세상의 "새 땅"에는 인간을 위한 장소만 아니라 동물들을 위한 장소도 있다. 동물 역시 인간을 통해서 불멸에 참여할 것이며, 바위와 나무와 식물들과 불과 물도 역시 그러할 것이다.

---

7) St. Cyril of Jerusalem of Lyons, *Against the Heresies* V, xxxvi, 1.
8) St. Isaias of Sketis, *Ascetical Homilies* xxi, 10, ed. Monk Avgoustinos, p. 131.

무한으로의 여행

하나님의 자비로 말미암아 영과 몸이 재연합한 상태로 거하게 될 이 부활의 나라는 "끝"이 없는 나라이다. 그 나라의 영원함과 무한함은 타락한 인간의 상상의 한계를 초월하지만, 우리는 두 가지를 확신할 수 있다. 첫째, 획일적인 것이 아닌 다양한 완전함이다. 둘째, 정적인 것이 아니라 역동적인 완전함이다.

첫째, 영원은 무궁한 다양성을 상징한다. 이 세상에서의 경험으로 미루어 볼 때 거룩은 단조로운 것이 아니라 항상 상이한 것이라면, 장래의 삶에서는 말할 수 없이 더 그렇지 않을까? 하나님은 "이기는 그에게는 내가 하나님의 낙원에 있는 생명나무의 열매를 주어 먹게 하리라"(계 2:7)고 약속하신다. 다음 세상에서도, 나의 독특한 인격의 내적 의미는 영원히 하나님과 나 사이의 비밀로 존속할 것이다. 하나님의 나라에서 각 사람은 다른 모든 사람들과 하나이지만, 그럼에도 불구하고 각각 분명하게 구분되는 개체일 것이다. 그는 이 세상에서 가지고 있던 것과 동일한 윤곽을 소유하는데, 이러한 특성들이 치유되고 새롭게 되고 영화롭게 된다. 스케티스의 이사야(St. Isaias of Sketis)는 이렇게 말했다:

자비로우신 주 예수님은 각 사람이 일한 분량에 따라서 쉼을 허락하신다. 많이 일한 사람에게는 많은 쉼을, 적게 일한 사람에게는 적은 쉼을 허락하신다. 주님은 "내 아버지 집에 거할 곳이 많도다"라고 말씀하셨다(요 14:2). 나라는 하나이지만, 그 한 나라 안에서 우리는 각기 자신의

특별한 장소와 특별한 일을 발견한다.[9)]

둘째, 영원이란 끝없는 전진, 쉬지 않는 진보를 상징한다. 톨키엔(J. R. P. Tolkien)이 말한 것처럼 "길은 끝없이 펼쳐진다." 이것은 현세에서의 영적 순례뿐만 아니라 내세에서도 적용된다. 우리는 항상 앞으로 나아간다. 우리는 퇴보하지 말고 앞으로 나아가야 한다. 다음 세상은 단순히 처음으로의 복귀, 낙원에서 원래 누리던 완전한 상태의 회복이 아니라 새 출발이다. 새 하늘과 새 땅이 있어야 하며, 마지막 것들이 처음 것보다 더 위대할 것이다.

뉴먼(Newman)은 "이 세상에서는, 산다는 것은 곧 변화하는 것이고 완전하다는 것은 자주 변화되었다는 것이다"라고 말한다. 이것은 이 세상에만 해당되는 것이 아닐까? 닛사의 그레고리는 천국에서도 완전은 성장이라고 생각했다. 그는 완전의 본질이 완전하게 되는 것에 있는 것이 아니라 항상 높은 곳에 놓여 있는 보다 높은 완전을 향해 나아가는 것이라고 훌륭하게 역설적으로 표현했다. 하나님은 무한하시므로 이 끊임없이 앞으로 나아가는 것, 그리스 교부들이 사용한 용어로 *epektasis*는 한이 없음을 입증한다. 영혼은 하나님을 소유하지만, 여전히 하나님을 찾는다. 영혼은 기쁨이 충만하지만, 그 기쁨은 항상 더 크게 성장한다. 하나님은 영원히 우리에게 가까이 오시지만, 그러면서도 여전히 타자로 머무신다. 우리는 얼굴을 대면하여 그분을 보지만, 하나님의 신비 속으

---

9) St. Irenaeus, *Against the Heresies* II, xxviii, 3.

로 계속 더 깊이 전진해 들어간다. 우리는 이제 나그네가 아니지만, 순례자가 되기를 멈추지 않는다. 우리는 계속 "영광에서 영광으로"(고후 3:18) 나아간다. 우리는 해야 할 모든 것을 이룩하거나, 또는 알아야 할 것을 모두 발견하지 못할 것이다. 성 이레내우스는 이렇게 말했다:

> 현세에서만 아니라 다음 세대에서도 하나님에게는 인간에게 가르치실 것이 있을 것이며, 인간은 하나님에게서 배워야 할 것이 있을 것이다.[10]

---

10) St. Irenaeus, *Against the Heresies* II, xxviii, 3.

이 책에 인용된 인물

(1) 정교회

참회자 막시무스(Maximus the Confessor, c. 580-662): 그리스 교부.

그레고리 팔라마스(Grogory Palamas, 1296-1359): 데살로니카의 대주교, 그리스 교부, 헤시카스트 전통의 수호자. Meyendorff, *A Study of Gregory of Palamas* (St. Vladimir's Seminary Press, New York, 1974)와 *St Gregory Palamas and Orthodox Spirituality* (St. Vladimir's Seminary press, New York, 1974)를 보라.

노르만비의 마리아(Maria of Normanby, Mother, 1912-77): 독일-스위스 혈통의 정교회 수녀, 요크셔 주 노르만비 소재 성모몽소승천 수녀원의 창시자이다.

니콜라스 카바실라스(Nicolas Cabasilas, c. 1322-1396): 비잔틴 평신도 신학자.

닛사의 고레고리(Gregory of Nyssa, c. 330-395): 그리스 교부.

다마스커스의 요한(John of Damascus, c. 675-c. 749): 그리스 교부, 성가 작가. 성상파괴론 반대자. 저서는 다음과 같다: *The Exact Description of the Orthodox Faith*, Eng. tr. in Nicene and Post-

Nicene Fathers, second series, vol. ix (James Parker, Oxford, 1899);
On the Divine Images, tr. David Anderson (St. Vladimir's Seminary
Press, New York, 1980).

대 레오(Leo the Great, 461년 사망): 로마 교황

대 바실(Basil the Great, c. 330-79): 가이사랴의 대주교, 그리스 교부. 형제간인 닛사의 그레고리와 함께 세 명의 "위대한 스승들" 중 한 사람.

디오니시오우의 테오클리토스(Theoklitos of Dionysiou): 현재 아토스 성산에서 생활하는 그리스 수도사.

로마노스(Romanos the Melodist, 6세기 초): 시리아 태생으로서 헬라어로 많은 성가를 지었다. 영역본으로는 *Kontakis of Romanos, Byzantine Melodist*, 2 vols(Columbia, 1970-3), tr. M. Carpenter가 있다.

라도네즈의 세르기우스(Sergius of Radonezh, c. 1314-92): 러시아에서 가장 위대한 성인. 자고르크스에 성삼위일체 수도원을 세웠으며, 수도원장을 지냈다. 그의 삶에 대해서 알려면, N. Zernov, *St Sergius-Builder of Russia* (SPCK, London, no date: ?1919)와 P. Kovalevsky, *St Sergius and Russian Spirituality* (St. Vladimir's Seminary Press, New York, 1976)을 보라.

로스토프의 디미트리(Dimitrii of Rostov, 1641-1709): 러시아의 주교. 설교자와 저술가로 유명하다.

리용의 이레내우스(Irenaeus of Lyons, c. 130-200) : 소아시아 태생의 그리스 교부. 서머나의 폴리캅을 알았으며, 말년에는 리용의 주교를 지냈다.

바르사누피우스(Varsanuphius, 5세기 초) : 가자의 수도사, 은수사, 영적 교부. 그의 서신들을 발췌한 것이 D. J. Chitty, *The Desert a City* (Blackwell, Oxford, 1966)에 수록되어 있다.

바실리우스 로자노프(Rozanov, Vasilii, 1856-1919) : 러시아인 종교철학자.

발라모의 나자리(Nazarii of Valamo, 1735-1809) : 핀랜드 소재 발라모 수도원 원장.

베르쟈예프 니콜라스(Berdyaev, Nicolas, 1874-1948) : 러시아의 종교철학자. 저서로는 *The Destiny of Man* (Geoffrey Bles, Lon, 1937), *The Meaning of the Creative Act* (Gollancz, London, 1955) 등이 있다.

불가고프(Bulgakov, Archpriest Sergei, 1871-1944) : 러시아의 신학자. 파리 소재 세르기우스 정교회 신학대학(Ortondox Theological Institute of St. Sergius) 학장. 저서로는 *The Orthodox Chruch* (The Centenary Press, London, 1935)가 있다. 참고로 Pain and N. Zermov (edd.), *A Bulgakiv Anthology* (SPCK, London, 1976)을 보라.

블라디미르 로스키(Vladimir Lossky, 1905-58) : 파리에서 활동한 러시아인 평신도 신학자.

블라디미르 모노마크(Vladimir Monomakh, Prince of Kiev, 1053-1125) : 러시아

통치자.

사로프의 세라핌(Seraphim of Sarov, 1759-1833): 러시아의 수도사요 영적 스승(starets). 현대에 가장 유명한 러시아의 성인. 그의 삶에 대해서 알려면, I. de Beausobre, *Flame in the Snow* (Constable, London, 1945)와 V. Zander, *St Seraphim of Sarov* (St. Vladimir's Seminary Press, New York, 1993)을 보라.

수도사 마르코(Mark the Monk, 5세기 초): 그리스의 금욕적 저술가. 그의 저술 일부가 *Philokalia* (vol. i)에 수록되어 있다.

슈메만(Schmemann, Archpriest Alexander, 1921-1983): 뉴욕 소재 성 블라디미르 정교회 신학교 학장.

시리아인 이삭(Issac the Syrian, 7세기 말): 니느웨의 주교, 시리아의 교부.

시리아의 에프렘(Ephrem the Syrian, c. 306-73): 시리아의 교부.

신학자 그레고리(Gregory the Theologian, 329-89): 서방에서는 "나지안주스의 그레고리"로 알려져 있으며, 세 명의 "위대한 스승들" 중 한 사람이다.

스케티스의 이사야(Isaias of Sketis, 489년 사망): 그리스 수도사. 처음에는 이집트에서 수도하다가 팔레스타인으로 감.

스타닐로애(Staniloae, Fr. Kumitru, 1903-1994): 루마니아의 신학자, 루마니아 어 *Philokalia*의 편집자. 저서로는 *Theology and the Church*, tr. Robert Barringer (St. Vladimir's Seminary Press, New York, 1980)가

있다.

신신학자 시므온(Symeon the New Theologian, 949-1022): 그리스의 금욕적, 신비적 저술가. Archbishop Basil Krivocheine, *In the Light of Christ* (St. Vladimir's Seminary Press, New York, 1987)을 보라.

아레오파고 사람 디오니시우스(c. 500): 그리스의 신비신학자

아프라하트(Aphrahat, 4세기 초): 시리아의 교부.

안디옥의 테오필루스(Theophilus of Antioch, 2세기 말): 그리스 신학자. 호교론자.

알렉산드리아의 아타나시우스(c. 296-373): 그리스의 교부, 아리우스주의와 맞서 싸움.

알렉산드리아의 클레멘트(c. 150-215): 그리스의 교부. *Exortation to the Greeks*, tr. G. W. Butterworth (The Loeb Classical Library, Cambridge, Mass, 1919)의 저자.

알렉산드리아의 키릴(444년 안식): 그리스 교부. 동정녀 성모 마리아에 대한 신앙으로 유명하다. 그는 성모 마리아에게 *Theotokos*라는 호칭을 사용했다.

알렉세이 코미아코프(Khomiakov, Aleksei, 1804-60): 러시아 평신도 신학자, 슬라브족 운동의 지도자. A. Schmemann (ed.), *Ultimate Questions* (St. Vladimir's Seminary Press, New York, 1977)을 보라.

앤키라의 닐루스(Nilus of Ancyra, 5세기 초): "시나이의 닐루스"라고도 함.

그리스 금욕적 저술가. *Philokalia* 제1권에 그의 글 Ascetic Discourse가 수록되어 있음.

어거스틴(354-430): 힙포의 주교, 『고백록』의 저자.

엘카니노프(Elchaninov, Archpriest Alexander, 1881-1934): 프랑스에 이주한 러시아인들의 사제.

예루살렘의 키릴(c. 315-86): 그리스 교부. 저서로는 *Lectures on the Christian Sacrament*, tr. F. L. Cross (St. Vladimir's Seminary Press, New York, 1977)이 있다.

오리겐(Origen, c. 185-254): 주로 알렉산드리아에서 활동한 그리스 교부.

올리비에 클레멘트(1921년생): 프랑스인 정교회 작가. 저서로는 *Questions sur l'homme* (Stock, Paris, 1972)와 *The Spirit of Solzenitsyn* (Search Press, London, 1976)이 있다.

옵티모의 마카리우스(Macarii of Optimo, 1788-1860): 러시아인 영적 스승.

요한 크리소스톰(John Chrisostom, c. 347-407): 그리스 교부, 콘스탄티노플의 대주교, 세 명의 "위대한 스승들" 중 한 사람. 많은 저서 중 특히 *On the Priesthood*, tr. G. Neville (St. Vladimir's Seminary Press, New York, 1977)가 가장 잘 알려져 있다.

요한 클리마쿠스(John Climacus, ?579-?649): "사다리의 요한"(John of Ladder) 이라고도 함. 그리스 교부, 시나이의 수도원장.

율리아(Beausobre, Iulia de, 1893-1977): 러시아의 작가, *The Woman Who*

Could not Die(Chatto & Windus, London, 1938)의 저자.

은수자 테오판(Theophan the Recluse, 1815-94): 러시아의 영성 작가.

이그나티 브리안카니노프(Ignatii Brianchaninov, 1807-67): 러시아의 영적 작가, *On the Prayer of Jesus* (Watkins, London, 1952)의 저자.

이오안니키오스(Ioannikios, c. 754-846): 그리스 금욕자. 소아시아의 올림푸스 산에서 생활한 수도사. 성상파괴론을 반대함.

이집트의 마카리우스(Macarius of Egypt, c. 300- c. 390): 스케티스에서 생활한 수도사. 전통적으로 그의 것으로 알려져 왔던 설교집은 이제는 그의 저술이 아니라 4세기 말이나 5세기에 시리아에서 저술되었을 것으로 간주된다.

이집트의 안토니(Anthony of Egypt, c. 251-356): 사막의 교부이며 수도원 운동의 선구자. 아타나시우스가 그의 전기를 저술함.

자돈스크의 티콘(Tikhon of Zadonsk, 1724-83): 보로네즈의 주교, 러시아의 영적 작가와 설교자.

자카리아(Zachariah, 1850-1936): 러시아의 자고르크스에 있는 성 세르기우스 삼위일체 수도원의 영적 스승.

조지 플로로프스키(Florovsky, Archpriest Georges, 1893-1979): 러시아 이민 신학자. 그의 저서 전집이 네 권으로 출판되었다. Andrew Blane (ed.), *Georges Florovsky: Russian Intellectual and Orthodox Churchman* (St. Vladimir's Seminary Press, New York, 1993)을 보라.

존 스코투스 에리우게나(Eriugena, John Scotus, c. 810-877).

칼리스토스(Kallistos Kataphygiotis, 14세기?): 그리스의 영적 저술가.

크론스타트의 요한(John of Kronstadt, 1829-1908): 러시아의 사제, 결혼한 교구 성직자.

크레테의 안드레아(Andrew of Crete, c. 660-740): 그리스의 주교이며 성가 작가. *The Great Canon*의 작가.

키에프의 총대주교 안토니(1863-1936): 러시아인 신학자, 러시아 정교회 최초의 대주교. 저서로는 *Confession. A Series of Lectures on the Mystery of Repentance* (Jordanville, NY, 1975) 등이 있다.

키프러스의 레온티우스(Leontius of Cyprus, 6-7세기): 그리스 교부, 성상 옹호자.

티토 콜리안더(Tito Colliander, 1904년생): 핀랜드 정교회 소속.

파리의 마리아(Maria of Paris, 1891-1945): 결혼했다가 수녀가 된 러시아인. 말년에는 프랑스에서 사회사업에 헌신했으며, 라벤스브뤽에 있는 나치 강제수용소에서 사망했다.

포티케의 디아도쿠스(Diadochus of Photike, 5세기 중엽): 그리스인 영성 작가.

폰투스의 에바그리우스(Evagrius of Pontus, 346-99): 이집트의 스케티스의 수도사. 금욕적이고 신비적인 작가.

폴리캅(Polycarp, c. 69-155): 서머나의 감독. 젊었을 때에 복음서 기자 요한을 알고 지냈다.

폴 에프도키모프(Paul Evdokimov, 1901-70): 러시아인 평신도 신학자, 파리 소재 성 세르기우스 정교회 신학교 교수. 저서로는 *L' Orthodoxie* (Delachaux et Newstlé, Paris, 1959), *Woman and the Salvation of the World* (St Vladimir's Seminary Press, New York, 1993).

표도르 도스토엡스키(1821-81): 러시아의 소설가. 『카라마조프의 형제들』에 등장하는 조시마라는 인물은 부분적으로 자돈스크의 티콘과 옵티모의 암브로스에 토대를 두고 설정되어 있다.

필라렛(Philaret, Metropolitan of Moscos, 1782-1867): 19세기의 가장 유명한 러시아 성직자요 설교자요 신학자이다. *Select Sermons by the Late Metropolitan of Moscow* (Joseph Master, London, 1873)을 보라.

필립 쉐라르드(Sherrard, Philip, 1922년생): 정교회 평신도 신학자. 그리스에서 살고 있음.

키레네의 시네시우스(Synesius of Cyrene, c. 370-414): 그리스 교부, 프톨레마이스의 주교.

헤르마스(Hermas, 2세기): *The Shephard*의 저자.

(2) 정교회 외부의 저술가

노리지의 줄리안(Julian of Norwich, 1342-1413): 영국 신비주의 작가.

루이스(C. S. Lewis, 1898-1963): 영국인. *The Problem of Pain* (Geoffrey Bles, London, 1940) 등의 저서가 있다.

『무지의 구름』(*Cloud of Unknowing*): 14세기 영국 신비주의 문헌. 아레오파고 사람 디오니시우스의 영향을 많이 받은 책이다. W. Johnston, *The Mysticism of the Cloud of Unknowing. A Modern Interpretation* (Desclée, New York, 1967)을 보라.

『심령이 가난한 자들의 책』(*Book of the Poor in Spirit*): 14세기에 출판된 독일 신비주의 문헌.

야곱 뵈메(Boehme, Jacob, 1575-1624): 독일 루터교 신비주의 저술가. 그의 저서로는 *The Way to Christ*, tr. Peter Erb(The Classics of Western Spirituality: Paulist Press, N.Y., 1978) 등이 있다.

에크하르트(Eckhart, Meister, 1260-1327): 독일 도미니크 수도회의 신비주의 작가. 영역본으로는 R. B. Blakney가 번역한 것이 있다(Harper Torchbooks, N. Y., 1941).

윌리엄 로(William Law, 1686-1761): 국왕에 대한 신하로서의 서약을 거부한 국교회 성직자, 영적 저술가. *Selected Mystical Writings of William Law*, ed. S. Hobhouse (C. W. Daniel, London, 1940) 등을

보라.

조지 티렐(George Tyrell, 1861-1909): 가톨릭 저술가로서 감리교 운동에 관여함.

존 헨리 뉴먼 추기경(Newman, John Henry, 1801-1890): Oxford 운동주의자로서 1845년에 가톨릭교도가 되었다. *The Arians of the Fourth Century*(1833) 및 교부들에 관한 여러 저서가 있다.

프랜시스 톰슨(Francis Thompson, 1859-1907): 가톨릭 시인.

토마스 머튼(Thomas Merton, 1915-68): 미국에서 활동한 시토회 소속 저술가.

토마스 트래헌(Thomas Traherne, c. 1636-74): 영국 신비주의 시인이며 영적 저술가. *Centuries of Meditations*를 저술함.

헨리 수소(Henry Suso, c. 1295-1366): 독일 도미니크 수도회 소속 신비주의 작가. *The Life of Blessed Henry Suso* by Himself, tr. T. f. Knox (Methuen, London, 1913)을 보라.